高三，
陪孩子微笑拼搏

顾亚红/著

山西出版传媒集团
山西教育出版社

图书在版编目（CIP）数据

高三，陪孩子微笑拼搏/顾亚红著．—太原：山西教育出版社，2014．5
（成长快乐丛书．第2辑）
ISBN 978-7-5440-5337-2

Ⅰ．①高…　Ⅱ．①顾…　Ⅲ．①高中生－家庭教育
Ⅳ．①G78

中国版本图书馆CIP数据核字（2014）第064728号

高三，陪孩子微笑拼博

GAOSAN，PEI HAIZI WEIXIAO PINBO

策划编辑　潘　峰
责任编辑　李梦燕
复　　审　彭琼梅
终　　审　张沛泓
封面设计　汤圆设计
印装监制　贾永胜

出版发行　山西出版传媒集团·山西教育出版社
（太原市水西门街馒头巷7号　电话：0351-4035711　邮编：030002）
印　　装　晋中市万嘉兴印刷有限公司
开　　本　787×960　1/16
印　　张　15
字　　数　222千字
版　　次　2014年5月第1版　2014年5月山西第1次印刷
印　　数　1—10 000册
书　　号　ISBN　978-7-5440-5337-2
定　　价　29.80元

目录

第一章　念念不忘，必有回响

——和孩子共同做好一年规划

导读：有人谈“高三”而色变，甚至将“高三”妖魔化。有人则将高三生活描绘成“刀尖上的舞蹈”，在吃“苦”中享受拼搏的“乐”。不管你愿不愿意，传说中的“高三”，它终于来了！那么，孩子进入高三，你做好准备了吗？树立“高三意识”了吗？明确远景目标与近期目标了吗？能客观评价孩子的实力吗？了解孩子感兴趣的学校和专业及其发展前景吗？心中有目标，脚步才能更坚定。相信有梦想，就会有花开！

第二章　因为尊重，所以选择

——给孩子营造良好的成才环境

导读：父母是孩子的第一任老师。家庭，是孩子的另一重要课堂。身处高三这一特殊时期的孩子，可能会脆弱、敏感与偏激，可能也会坚强、达观与自信。那么，面对孩子必然会遭遇的瓶颈与挫折，你准备好一颗平常心了吗？能从自己做起，适当减压吗？面对扑面而来的补课热潮，能淡定淡定再淡定吗？理解孩子，尊重孩子。轻装上阵，才能心想事成！

第三章 对干扰源，坚决说“不”
——打造孩子的坚韧人格

导读：大千世界，诱惑多多。高三不是真空，同样要经受八面来风的考验。面对纷至沓来的干扰源——出国潮、网络与电视、“低头族”与“手机控”、情感与交友、金钱、虚荣心、从众心理、性教育，你是否感到有些殚精竭虑？那么，如何才能引导孩子正确对待各种诱惑？有哪些好办法可以驱赶走这些“吸血蝙蝠”，和孩子一起披荆斩棘、开辟出一方一心一意搏杀高考的净土？相信只要方法得当，定能水来土掩，兵来将挡！

第四章　学会做人，方能成事

——陪孩子，做个阳光的人

导读：一个愿望，始终在我们的心里生长：多么希望自己拥有的，是一个健康和阳光的孩子！善良、正义、宽容、乐观、诚信、坚强、责任感……所有这些，对一个高三的孩子来说，尤其必不可少。那么，如何帮助孩子提高抗击打的能力？如何处理好合作与竞争的关系？如何引导孩子理智面对纷繁复杂的社会现象？和孩子一起，做一株向日葵吧，即便忧伤与沮丧，也面朝太阳！相信生活会给我们丰厚的回馈！

第五章　你也可以是"学霸"

——方法，真的很重要

导读：也许，你对"别人家的孩子"总是心怀羡慕，"家有'牛娃'"，这是不少家长的梦想。如果说每个孩子都是一架好琴，那么，只有当它能与一双巧手——好的学习方法与技巧——邂逅，才能共同奏出美妙的乐章。方法得当，事半功倍。技巧如同敲门砖，能帮助孩子叩开知识的大门。那么，那些传说中的"学霸"与"牛娃"是怎么炼成的呢？

第六章　做一朵坚强的玫瑰

——以平常心，考非常试

导读：进入高三，孩子必然要面临众多的考试。考试成绩的好差，会引起孩子情绪的波动、自信心的摇摆。如果你的孩子存在着一定程度的考试焦虑，屡屡出现“上场昏”，该如何积极应对？如果成绩出现大规模的倒退，该如何对孩子进行心理疏导？那么，就让我们从平时做起吧，须知，只有平时举轻若重，考试时，才能举重若轻！相信能以一颗平常心驰骋考场，才能形成自己的气场，才能成为那个笑到最后的人！

1

第一章　念念不忘，必有回响

——和孩子共同做好一年规划

导读：有人谈“高三”而色变，甚至将“高三”妖魔化。有人则将高三生活描绘成“刀尖上的舞蹈”，在吃“苦”中享受拼搏的“乐”。不管你愿不愿意，传说中的“高三”，它终于来了！那么，孩子进入高三，你做好准备了吗？树立“高三意识”了吗？明确远景目标与近期目标了吗？能客观评价孩子的实力吗？了解孩子感兴趣的学校和专业及其发展前景吗？心中有目标，脚步才能更坚定。相信有梦想，就会有花开！

1. 旁敲侧击，树立“高三意识”

传说中的“高三”，来得似乎早了一些。

离高二最后一学期的期末考试还有段时日呢，“高三动员大会”就召开了。主持会议的教学副校长挥舞着胳膊，以“让我们提前与高三激情拥抱吧”作为开场白，开始了以“高三改变命运，高三决定未来，高三是特殊的成人礼，高三是人生的分水岭，高三不吃苦，将来吃大苦”为主题的讲话。偷眼打量坐在我前后左右的家长和孩子，只见一个个眼睛瞪得大大的，拳头攥得紧紧的，我的女儿王小棉后来对此情此景有句很精当的描述，“就像被注射了鸡血”。家长会的具体内容我记得不是很清楚了，但有一条我是怎么也忘不了的，那就是主讲的年级主任的PPT里赫然出现的一条鲜红的标语——“只要学不死，就往死里学！”一年后我在《读者》的“言论”版再次读到这句话的时候，不禁摇头叹息，天知道有多少学校将这句带着杀气的“双死说”灌输进了家长和孩子的脑袋里啊。

按理说，接受了激情动员的王小棉该甩开胳膊大干一场了吧？然而，人家偏偏不。暑假都放了一个礼拜了，也没见她捧过一次书。理由还“充足”得简直不容你开口反驳——早上，懒觉肯定是要睡的，“要为惨无人道的高三养精蓄锐”；上午，羽毛球馆是非去不可的，“得为可怕的高三强身健体”；下午，游泳池是必泡的，“上高三了就没得玩了”；晚上，肥皂剧娱乐频道是轮流着看的，“高三可以不上，电视不可不看”。皇帝不急太监急，眼看着这个准高三生有将吃喝玩乐进行到底的不良势头，我和她爸两个急得嘴上不约而同地生出了串串燎泡。

王小棉从小就是个吃软不吃硬的主儿。读初中时，特逆反，曾经因为我采取的强制性措施而玩过冷战、罢课，甚至出走的手腕。所以，对王小棉如今的种种表现，想拿出家长的所谓淫威去掀被窝、禁足或强行切断电源都没门，那绝对会将事情越搞越糟。

燎泡灭了一茬又起一茬，王小棉仍然没有收心的迹象。我觉得想坐等王小棉自我觉醒基本上是不可能了。正面攻击会遭遇激烈的反抗，那就迂回作战？

我陪王小棉一起看湖南卫视的《快乐大本营》，一边假装没心没肝地陪着王小棉笑得上气不接下气，一边悄悄提出一个建议：你不是一直想撇下我单独去丽江么？我想通了，我可以不跟着你走，但你必须组织到几个能和你一起去的同学，这样我们也放心。王小棉一听很兴奋，风风火火就往书房跑：“我这就去班级群里振臂一呼去！肯定响应者众！”我暗笑。其实，功课我是早就提前做过了的。王小棉有班级群，我有家长群。我一早就在群里了解过了，高三动员会开过之后，像王小棉这样成日逍遥着没有一点“高三意识”的，少之又少。哼哼，王小棉啊王小棉，今晚，注定你振臂一呼之后，将要沦为孤家寡人！

果然，没多会儿王小棉就怏怏地走出了书房：“居然一个个装死！头像全灰着！”我把手机递给王小棉，说：“打电话和同学说呗！说不定人家也和你一样，在看《快乐大本营》呢。”她爸不知就里，语气很冲地说道：“你以为人家也和你一样迟迟进入不了角色啊？玩吧玩吧，你就玩吧，等到开学，有你哭鼻子的时候！”王小棉给了她爸两只大白眼，继续看她的《快乐大本营》，继续笑得恨不得滚落到沙发下，但我肯定自己看到了王小棉眼里的一丝失落与焦灼。

我决定趁热打铁，再将王小棉往孤家寡人的道路上推一把：“你不是说你的几个死党特想念你爸的拿手菜了么？明天喊她们到家里来吃吧！”王小棉给我抛了个媚眼，兴致勃勃地打开了电话。结果不出我所料，只有一个死党答应到我们家来做客，这个死党肯答应还是因为“我爸出差了我妈要加班，我只能溜出来两小时”。其他几个死党回绝的理由几乎是一致的：“都快高三了，得加油了！”

我不怀好意地力挺王小棉：“这些人也真是的！就剩这一个暑假了，还不好好享受啊，一个个争先恐后地往前跑，把我们家王小棉孤零零地撇在大部队外！太不够意思了！”

她爸善解人意地和我唱起了对台戏：“谁早一点树立‘高三意识’，谁就快人一步先人一拍；谁还没有‘高三意识’，谁就会在将来的高考竞争中处于劣势！”

经过我们的努力，散漫了半个月的王小棉同学终于恢复了早起的习惯。每天上午，当我们听到王小棉同学书房里传来诵读课文的声音时，她爸总乐滋滋地夸赞其为“天籁之音”。下午，王小棉小睡一会儿后，又会钻进书房去，做数学题。晚上，王小棉电视还是要看一会儿的，但也只是一会儿而已。王小棉书房的墙上，还煞有介事地贴着一张作息时间表，我和她爸终于舒了口气：王小棉同学终于有了“高三意识”，终于开始进入高考生这一角色了！

高三，是人生的分水岭。这个阶段的状态如何，将会在一定程度上决定孩子将来的人生走向。而高二到高三的暑假，这一过渡时段，荒废不得。每个家长都要积极帮助孩子树立“高三意识”，亦即时间意识、计划意识、竞争意识等。处于这个年龄段的孩子，思想渐渐成熟，行动却难免任性。当刚性压制或理论说教难以奏效，正面交锋甚至会适得其反时，不妨试一试旁敲侧击。因为，每个人的内心里，都有归属需求，旁敲侧击，帮助孩子去意识自己的行动已经远远偏离了群体，那么，无须你摆大道理，孩子自会调整好自己的心态与步伐，自觉归队的。

2. 朝拜之旅

高二升高三的暑假里，有段时间，王小棉整夜做梦。有一回深夜，我听到隔壁房间里的王小棉在梦里大喊：我不要读高三，不要！我悄悄推开门进去，就着窗外的月光，怜爱地打量王小棉睡梦中仍带着些惊恐的面孔，尔后，去书房，写下一张纸条，放在王小棉的枕边："高考是咱们必须勇敢地去征服的一座高山。别怕，有我和爸爸与你一路相随！总有一天，你会发现，我们已经将这座高山踩在了脚下！"

如何才能征服这座高山？目标教育必不可少。心中没有目标，脚下就缺乏力量。少了目标的指引，就容易受到种种干扰。

几天之后，我拉起王小棉的手，说："咱们不窝在书房里整日看书做题了，咱们散心去。"王小棉有些迟疑，说："不行吧？其他同学都已经行动起来了！好些同学还在外面报班上课呢！"我说："不要紧，磨刀不误砍柴工。弦绷得太紧要断，人学得太累要垮。告诉我，有没有想过一年之后报考哪所大学？咱们不妨就到你最想读大学的那座城市朝拜去。"王小棉的眼睛亮了一下，说："我还真没想过要考哪所学校。"我说："你至少能说出自己想到哪所城市读大学吧？"王小棉这次干脆利落地回答我，说："我想去北京、上海或厦门。"我说："好。那么，咱们都去。先去北京！"

这是一次有目的的旅游。我当即报团，并联系上在北京工作的我的学生乔丁。价格是不管的。吃住得如何也是可以忽略的。我看重的，是旅游团的日程安排里，有一项重要的内容：参观清华与北大等名校。清华园与未名湖，这可是几乎所有的高考生心中的圣地啊。

七月的北京，骄阳似火。从北京站出来，乔丁来接站。乔丁是我和王小棉北京行里必不可少的一个人物。临来北京前，我就在 QQ 里对乔丁交代过，要乔丁利用这个机会，给王小棉讲一讲他的故事，然后，和王小棉好好谈谈确立一个目标的重要性以及要实现一个目标必须付出的艰辛。

因为我知道，乔丁的故事对王小棉是有启发性的。

乔丁读高中的时候，曾一度迷失了方向，沉迷于网络而不能自拔。结果，原本有实力冲击一本的乔丁，只考了个三本的分数。这个分数对父母都是残疾人的乔丁来说是个致命的打击。高昂的学费面前，乔丁只得含恨放弃了读大学的机会。在外面打了三年的工，乔丁觉得日子灰暗得望不到尽头。直到有一天，乔丁来到了未名湖畔。乔丁在未名湖畔听了一晚上的小提琴。回到出租屋后的乔丁，一遍一遍地告诉自己，你不能再混日子了。你必须努力工作。你必须攒一笔钱，然后，你必须到北京，倾尽全力，学你一直想学的影视后期制作。梦想支撑着乔丁，两年后，乔丁克服了种种困难，来到了北京。又过了三年，乔丁完成了影视后期制作的相关课程，并如愿留在了北京的一家广告公司。

一个小时后，乔丁领着王小棉从清华园里出来。我问王小棉，都有哪些感受?

王小棉说："文化气息。皇城的文化气息。扑面而来。让人不忍离开。能来京城读书，该是一件多么令人向往的事！我要像乔丁哥哥一样，在心里装一个美丽的梦想，然后，发愤图强。我已经和乔丁哥哥约好，一年后，我也要凭借自己的努力，考进北京城！我想，我可以做到！"

我和乔丁相视而笑。

我说，"先别忙着下结论。咱们继续朝拜。下一站，上海?"

小棉说："好，我想去复旦看一看。"

行走在复旦的校园里，王小棉说，上海繁华，容易乱心。北京有文化底蕴，适合做学问。相比而言，我喜欢北京。

我说，别忙，咱们还没去厦门呢。看完厦大，你再做决定。

马不停蹄，直奔厦门。小棉在厦门大学里转了一圈又一圈，王小棉对厦大的美丽赞不绝口，一遍遍问自己，我喜欢北京，又想来厦门。我该怎么办啊？

我说，红尘之中花万朵，你只能爱一个！不管是北京还是厦门，你都要付出百倍的努力才能跨进来。目标的确定，这才是漫漫长路中的第一步。

回家后，王小棉找出画笔，画了一幅画，贴在了写字台的上方。画面上，是蜿蜒的长城和一所高校的大门。一个扎一根马尾辫的小女孩，攀越于长城之上，两手成喇叭状，对着大学的大门呼喊出五个字——

北京，等着我！

也怪，朝拜回来，王小棉不再夜夜惊梦。有了目标的指引，王小棉不再惊惶。目标犹如灯塔与路标，会指引孩子前进的方向。在迎战高考的300多天里，每当王小棉出现懈怠等消极心理，我就带王小棉去看写字台上方的那幅画。我说，王小棉你是明白的，北京不会欢迎一个消极颓唐的人。长城更容不下半途而废的胆小鬼。这幅抒写着王小棉的目标与梦想的画，犹如高考苦旅中的加油站，王小棉不断从中汲取力量与信心。它至今仍悬挂在王小棉的书房里，我相信，这幅画，一定会永远悬挂在王小棉的心里。

对一个即将进入高三的孩子来说，树立了“高三意识”还远远不够，一个坚定的目标实在是太重要了。记得曾看过一则资料，1953年，哈佛大学曾对当时的应届毕业生做过一次调查，询问毕业生们是否对未来有清楚明确的目标以及达成目标的书面计划，结果只有不到3%的学生给予了肯定的答复。20年后，研究者再次访问当年接受调查的毕业生，结果发现那些有明确目标及计划的3%的学生不论在事业成就还是幸福指数上都高于其他人。这3%的人的财富总和，居然大于另外97%的人的财富总和。

毋庸置疑，这就是目标的力量！

3. 当计划遇上了变化

三年前，司贝尔是在我们家曝光率比较高的一个名字。那个时节的王小棉，特别欣赏身上长着反骨的男生，“敢于对老师和家长说‘不’的男生，酷毙了！”而司贝尔，恰与王小棉当时的审美观高度契合。记得王小棉每回家表扬一次司贝尔，司贝尔的成绩就会中了魔咒般地下滑一次。每次司贝尔的成绩一下滑，我的同事司老师就会长吁短叹好几天都提不起劲儿。中考时，司贝尔严重失了水准，考出的分数只够得上去一所三流高中。这可把司老师愁坏了。司老师一家都是不折不扣的名牌控，司老师连去食堂吃饭都要怀揣一把 Hello Kitty 的小调羹，你说，司贝尔怎么能去那样的高中度过三年呢？

面子事大，儿子的前途更要紧。司老师自然要给宝贝儿子好好地规划了。儿子的想法肯定是要放在第一位考虑的。司贝尔经过这次中考打击之后，对亲戚朋友公然宣称“和我谈考试的人直接让我翻个白眼”，QQ 签名里，则高悬“谈考试，就拉黑”。司贝尔表明了态度坚决不肯在三年之后参加高考，所以，在司老师夫妇的规划中，司贝尔要走的路，肯定不能与王小棉那样毫无创意地读高一升高二搏高三，最后乖乖地去高考。结合司贝尔的客观实际与主观要求以及自己家的经济境况，司老师夫妇带着司贝尔去了 S 中的中美班。

如果一切按着计划走，司贝尔将在读完高一或高二之后顺顺利利地去美国留学，再用几年的时间将自己镀成一只小海龟，然后衣锦还乡。可是，一些突发事件，打乱了司老师一家的计划。

中国式革命，往往是从发型开始的。司贝尔进的那个中美班是要求学生住宿的，每一个月只放一次假。司贝尔第一次回家休假的时候，就把司老师吓了个半死。司贝尔将头发几乎全部剃光，只在头顶，留下硕果仅存的一小撮毛发。就这一小撮，司贝尔还玩起了花样，将它们梳成一根细如老鼠尾巴的小辫子，从头顶拖往后脑勺。司老师揪住那根老鼠尾巴想动手揍司贝尔，一不留神，让司贝尔脚底抹油跑到同学家住去了。隔几天司老师去S中找司贝尔准备发起后续战争，到了司贝尔的教室外面一看，只见司贝尔的前后左右坐着的男生们，几乎无一不留着搞怪的发型。太不像话了！司老师找到老师办公室，正好遇到司贝尔班上的外教迈克尔，迈克尔用半生不熟的汉语冲着司老师连比带画：发型？NO！个性！好！就是好！

头顶上的革命这才是危机的开始。接下来，司老师夫妇发现，和司贝尔来往密切的几个男孩子，抽烟的有，喝酒的有，休息日带上来历不明的女孩子到处乱逛的也有。这可如何了得！等到高一升高二，司贝尔班上有点能耐的家长，都在忙着将自己的孩子转走。有的转到了外校，有的则自己联系了国外的学校，门路小些的，也转到了本校的普高班。班将不班，司贝尔将何去何从？

因为这些意想不到的因素，司老师一家的美好计划被迫搁浅。看着日渐消瘦的司老师，我安慰道，这个世界上，能顺利实现的计划毕竟少之又少，既然我们改变不了世界，那么我们就试着适应世界好了。随着变化而及时修正的计划更容易完成。要知道，作为计划的实施人，你现在所采取的应对变化的策略和姿态，可是在一定程度上决定着你儿子的命运。

司老师果断地找司贝尔谈了心。司贝尔也觉得就这么混下去也不是个事儿，毕竟，在司老师的耳濡目染下，司贝尔的本质还是向上的。就这样，司老师终于做通了司贝尔的工作，将司贝尔转到了S中的普高班。司老师再三叮嘱道，儿子，从今之后，咱们不能再三心二意了，从此咱们一家组成高考三人团，齐心协力，搏杀高考。

司老师重新为儿子量身打造了一套学习计划。计划的第一步是消灭挂科现象。为此，身为初中物理老师的司老师，重新捧起了高中的数理化课本，为的是能在儿子需要的时候随时给予辅导。至于英语，司老师是心有余而力不足了，就从转班时学校退回的学费中取出一部分来，给司贝尔请了位经验丰富的家教。司贝尔的进步很缓慢，然而，毕竟在进步着。计划的第二步，是在高二下学期的学业水平测试中，争取全部过关。司贝尔高二选择的是文科，对学业水平测试要考的四门功课，司老师一家进行了严密的分工。物理、化学自然由司老师负责，地理和生物，则划归了司贝尔的妈妈。功夫不负有心人，司贝尔还真在学业水平测试中取得了2B2C的成绩。成绩公布的那一天，司老师很高兴，到南通城最有名的包子铺买了好几十只蟹黄包，跑到学校，逢人就派发。接下来，司老师一家继续紧锣密鼓地实施着第三步计划，这在司老师的三步走的高考战略中是最为重要的一步——高考，冲击一本确保二本！为了这一步计划能够顺利实施，司老师在征得学校领导的同意下，请了长达10个月的事假。这10个月司老师是如何挺过来的，具体过程我们并不清楚，我们只知道，最后的结果是喜人的，司贝尔的高考分数离一本线只差了4分！

当计划遇上了变化，有的家长当局者迷，不愿意改变初衷，铁了心一条道走到黑，最后几乎全盘皆输。有的则如我的同事司老师，相机而动，及时调整，最后终于得以完成计划。生活中，计划和变化，就如同太阳与月亮，交相辉映。计划是“静”，变化是“动”，正确处理好计划与变化之间的关系，才能奏出高考的和谐乐章！

4．家教，这个可以有

原本，我对给孩子请家教或报补习班是持否定态度的。可是，这一观念在王小棉进入高三之后，发生了变化。

王小棉她爸是学统计学的，对绘制图表挺有兴趣。我们家的墙上，有一幅能直观反映王小棉历次考试成绩走势的曲线图。这幅图的横坐标为考试时间，纵坐标为考试排名。高一阶段，曲线如同心电图，忽上忽下。高二阶段，曲线开始平稳上扬。可是，进入高三后，曲线呈现出下垂的不良态势。

于是，在我们家的高考一年规划里，一个问题摆上了议事日程：要不要给王小棉请家教？

王小棉仔细分析了自己掉队的原因，其中之一便是：暑假里，其他同学都请了家教，几乎已经将一轮复习的内容先行复习了一遍！

我一听，心急如焚，暑假我们已经“输在了起跑线上”，不赶紧想辙让那条曲线反弹回去，那可真是要毁了王小棉和全家的美好希冀了！赶紧请家教吧。

我带上王小棉，一路寻到通城赫赫有名的“家教桥”。但见十几个大学生模样的娃，沿家教桥一路排开。王小棉走走看看，然后开始挠我手心。这是我与王小棉商定好的暗号。我一打量，见到那孩子阔沿帽下披着一头长发，赶紧将王小棉拖开。过了一会儿，王小棉又挠我手心。我一看到那涂了蔻丹的脚趾头，心里就很不乐意。继续看下去，中规中矩的男孩女孩倒也有，可王小棉不干，一个劲儿地挑刺，两人意见不拢，就赌气回了家。

我累得躺在沙发上，说："咱们不请家教成不？你自己好好学，省下来的钱，全给你买漂亮衣服。"这个提议对酷爱臭美的王小棉还是相当有诱惑力的。王小棉果然迟疑了半晌，但最后还是坚决地摇头，说："老妈啊，舍不得孩子套不住狼，不请家教我的功课掉下去了穿再好看的衣服老师和同学也瞧不起我了，我就只能瞎混了，几个月之后考不上好大学找不到好工作我以后就只能疯狂啃老了！"我叹口气，这可怎么办啊。

请在职的一线教师做家教那是最好不过的。不过，通城教育局每年都三令五申不许在职老师做有偿家教，谁违规，重罚谁。正急着呢，忽听手机滴滴滴滴的响，是一个陌生的号码发来的短信，无巧不成书，竟然就是一则招生启事：想让您的孩子成绩突飞猛进吗？请来某某培训机构，我们配有名师若干，效果显著！

这条短信适时地给我指了一条道儿——"引进来"有困难，咱们不是还可以"走出去"嘛。找补习班上去。可是，到哪里才能找到适合高三冲刺阶段的王小棉的补习班呢？王小棉说，我来打电话给我同学，保准能挖到点有价值的情报。还真没蒙我。几个补习班，有的隐身于地下车库，有的藏身于居委会的某间平房，有的则干脆就是开班者的私宅。我相中了两个。这两个开班的老师，都是名师。据说，他们原本都是不愿意顶风作案开班授课的，可是，名气大了就不停地有人找上门来，还都是不能张嘴回绝的主儿。总而言之，每人都有盘根错节得罪不得的人际关系，没办法，开班了。我恰好就跟这俩名师的某一个人际节点上的人相熟，终于为王小棉谋得一个座位。

遗憾的是，这两个班一起上课的，都有三十多个孩子。一方面，我为自己终于能为王小棉能在补习班里谋得一个座位而欣喜万分，另一方面，我又忐忑不安地问自己：这种大班授课，真有用么？

还好，一段时间之后，王小棉走路有了声响，状态开始恢复。墙上那条曲线，开始缓慢地上扬。我便做王小棉的工作，不如咱们不补课了吧？看你挺辛苦的。王小棉很爽快地拒绝了我，说："大家都上，你不上，你掉队的，就不仅仅是成绩了，那是会被边缘化的！”

我说，只要你觉得对你有用，家教，这个，可以有。

二轮复习时，王小棉感觉到数学和英语必须加强。王小棉提出，那种三十多人一个班的补习班，面对的是群体，缺乏量身定做的针对性，想换一对一的补习班。正好通城这几年涌现出了不少社会办学机构，在经过一番考察之后，我为王小棉选择了其中一家，担任王小棉的辅导老师的，都是这家办学机构里的业务水平顶尖儿的老师。两个老师对王小棉很是尽心尽力。高考前的三个多月里，每天晚上，王小棉都坚持到那儿去晚自修，遇到问题了，王小棉就会跑到自习室隔壁的办公室里去问两个老师。两个老师都是有求必应。王小棉非常感激，经常回来说，两个老师在规定的授课时间之外给了我那么多无偿的帮助，我得好好表示表示。我说，对，人是应该学会感恩的。你不妨找个机会征求一下两个老师的意见，看看用什么方式来表达你的谢意最好。结果，两位老师说，你好好学，若你能在高考中考出好的成绩来，那就是对我们俩最好的回报了。

你说，遇到这样的好老师，王小棉能不努力吗？那条低迷的曲线，也终于成为了历史。

其实，要不要给高三的孩子请家教或报补习班，我觉得既不要全盘肯定也不要全盘否定。如果孩子在一轮复习和二轮复习之中一直处于低迷的“高原状态”，作为一种弥补的手段，如果家庭条件许可，那还是可以考虑的。毕竟，家教或补习班可以根据孩子的具体情况面对面地讲授，针对性强，有助于提高孩子的学习效率。当然，如果孩子状态低迷但抗拒请家教和上补习班，那么，还是要尊重孩子的意愿，千万别强迫孩子，否则，那绝对会使请家教和上补习班成为一件既花钱又遭罪的事！

5. 我是你坚强的后盾

孩子进入高三，必须尽快树立“高三意识”，这几乎已经成为共识。其实，作为家长，同样也要树立“高三意识”，尽快进入高考爸爸或高考妈妈的角色，为孩子营造一个良好、稳定的大后方，成为孩子坚强的后盾。

因此，家长也要对未来一年的生活做好规划与调整。其中甚至包括对自己职业生活的微调。

王小棉升高三，我担任班主任的那个班也升初三。高考丫头遭遇中考娘，弄不好，是要手忙脚乱甚至人仰马翻的。思之再三，我决定辞去班主任职务。中途辞职，无疑是有一定难度的，但再有难度，也得想法克服。

我先去找领导：“王小棉要高考。所以，我来辞职。”领导张大了嘴巴，我往里面塞了一粒口香糖：“放心，不辞教职。只辞班主任。”领导挠了挠头，我赶紧接着说：“大道理我都懂。可高考妈妈的心里，这一年，只认小道理。过了这一年以后，班主任我哪年都还可以做，可我家丫头的高考年，只有这一个。”领导像是害了牙疼，嗫嚅了半天，终于开了口：“你的意思是，你准备为了自家的苗，荒了公家的草?”我朝领导作个揖，说：“瞧您说的！在我眼里，都是苗！不过，私苗荒了，公苗必芜，是不?”领导摸摸脑袋，说：“理是这个理，不过……”我赶紧抢过话头，说：“别不过了，你想想，我要是不辞掉这个班主任，心挂两头，结果，是极有可能顾了这头忘了那头，到最后，两头都歉收的可能性都有。我家的苗荒芜不荒芜跟领导没什么直接联系，但若是公家的苗颗粒无收领导是不能坐视不管的。”最后，领导答应了我的辞职请求。毕竟，领导也曾经是个高考妈妈。

接着我去教室，给学生开最后一堂班会：“同学们，你们马上升初三了，与此同时，我的女儿，王小棉，也马上升高三。初三，是你们初中生活的最后一年和最关键的一年；高三，是我女儿高中生活的最后一年和最关键的一年。请原谅，我不能陪你们跑到终点了。”学生你看看我，我看看你，彼此交换着惊诧的眼神。我赶紧安抚道：“不过请你们放心，我会极力向学校推荐一个更有能力和魅力的老师来担任你们的新班主任。你们想想，你们是多么幸运啊。没有了我这个班主任的陪伴，你们还有其他更多的更好的选择：责任心极强的数学老师啦，前卫靓丽的英语老师啦，可都是不错的人选。可是，我女儿就没有你们这么好的运气了，她别无选择。因为，妈妈，只有一个。所以，同学们一定能理解我的选择的，对吧？同学们也一定能回去帮着我说服爸爸妈妈接受这个变动的，对吧？”告别班会结束后，我的心里，百感交集，对这帮孩子，我其实有着太多的不舍。可是，为了即将成为高考生的王小棉，我别无选择。

我再耐心地去做家长们的工作：“你们应该对这样的调整感到高兴啊。因为，我不过是从前台退到了幕后而已。和前两年唯一不同的是，我早晚得多花点时间在我那即将要搏杀高考的女儿身上。请放心，我仍然会像过去那样，参与班级的管理。新班主任年轻，精力充沛，正好弥补了我时间与精力上的不足。我会全力以赴地帮助她。新班主任的精力加上我这个老班主任的经验，可谓强强联合，这可是别的班没有的优势呀。”

得到了领导、学生和家长的支持和理解，我终于如愿以偿，辞去了班主任的职务。从此，每天再不用七点前进校，七点后离校了。早上，我可以从从容容地钻进厨房，为王小棉做早餐。下午，上完课之后，我可以优哉游哉地去逛菜市场，买前一晚就商定好要买的菜。然后，一路哼着歌，回家，准备饭菜。饭后，王小棉进书房看书做作业，我呢，轻手轻脚地收拾碗筷，给王小棉端茶送水准备水果。偶尔，王小棉会发出指令：“爸爸，把你的拳头拿来！”她爸就摁一下遥控器，将电视机关了，马上出现在王小棉的身后，帮王小棉咚咚咚咚地捶背。有时，王小棉的指令也会变成“妈！把你的大腿拿过来！”我就屁颠屁颠奔过去，将王小棉的头摆放到我的大腿上，两人说说闲话，让王小棉“享受享受母爱”。

做孩子坚强的后盾可不仅仅只表现在生活上。就说参加自主招生考试这事吧，需要不需要报“自招”培训班？要不要购买“自招”的指导用书？通过什么渠道能搞到那个学校历届“自招”的考题？送审的材料应该怎样去准备？面试必备的策略有哪些？要考虑的问题实在是太多了。虽然网上有人建议说，对“自招”应该持“有当无”的态度，无需去做太过繁琐的准备工作，到了规定的考试时间，背起书包直接去考场就 OK 了，但作为高考爸爸和高考妈妈，我们怎么可能淡定到对“自招”这件事“有当无”？既然决定参加了，自然想谋求一个好的结果。想得到一个好的结果，自然就得认真对付。所以，我和王小棉她爸积极行动起来，尤其是她爸，针对以上问题，天天打电话或上网咨询，可谓做足了功课。王小棉功课那么紧张，总不能让她在这些前期的准备工作上耗时耗力吧？不然，怎么叫后盾呢？后盾不就是给孩子解除后顾之忧的嘛。

此外，作为家长，我们还得充当孩子强大的精神后盾。比如，在孩子遇到困难和挫折时，和孩子一起分析原因，寻找对策。在孩子考前紧张导致失眠时，对孩子进行有效的心理疏导，帮助孩子克服考试焦虑。

孩子，你不是一个人在搏杀。孩子，高考路上，你不孤单！

6. 从一篇日志说开去

和众多孩子一样，王小棉从小就有自己的职业理想。最早的较为正规的文字记载见于王小棉的小学毕业纪念册，王小棉在“我的最大理想”一栏里，填写的是“当一个工资超高的世界级律师”，“第二理想”填写的是“成为一个知名度很高的演员”。其少年轻狂，可见一斑。

高三的王小棉，对自己的未来，又有着怎样的想法与规划呢？

征得王小棉同学的同意，先引用王小棉的一篇日志：

青春碗里的水

我想，青春期的梦想，就像碗里的水。这只碗，究竟应当盛放多少水才是最合适的呢？

先做个实验吧。

将一只装满了水的碗，顶在头上，你有没有发现，碗里的水太多，你每走一小步，碗里的水随时都有溢出来的危险？你是不是连呼吸都变得小心翼翼？

那么，就盛放只将碗底覆盖的一点水吧。此时，你是不是感觉到，由于碗里的水太少，你又丝毫感觉不到压力？随意的一个转动，都有把碗啪一声摔碎的可能？

可见，梦想不能太高和太沉。不切实际的梦想，定然会将人压得喘不过气来。偏离了自身实际的梦想，早晚都有梦碎的时候。当被过高梦想压弯了腰的你，步履艰难地行走在追梦的路上，而你的那些青春逼人的伙伴们一路欢呼，像风一样轻盈自由的时候，你是否会在心里有过自暴自弃的一闪念？青春岁月，本应有更多的欢笑，所以，别让太沉的梦想，压弯你本应上扬的嘴角。

而梦想太轻，举手可得，几乎等同于航船迷失了方向。你在青春的长河里，随波逐流，终日得过且过，岂不正如行尸走肉？如果高三的你，对今后还没有过何去何从的打算，如果你在午餐时间里还躲在食堂的餐桌上偷偷地打桌游，如果你在你认为可上可不上的课上逃出去去网吧享受一下放纵的快意，那么，这样的自我放逐，这样的放浪形骸，是会将自己的青春，这只可以精美也可以脆弱的碗，“啪”一声摔碎的呀。没有梦想的青春，就如同没有灵魂的躯体。没有了灵魂，又怎能实现自身生命的价值？须知，彼时，你的梦想太轻，此时，摔碎的就是你的整个青春！

所以，一个恰到好处的梦想，至少应当基于现实而又高出现实罢？

你寻寻觅觅。当你有一日终于与合适的理想邂逅，你是不是心里顿时会欢呼雀跃——啊，原来，你就在这里！

那么，就是她了。一旦认定了她，你就不能经常见异思迁了。你可以适当调整，但一定不要经常改变。因为，常立志者无长志。你想想，如果你经常在你青春的碗里装上不同产地与质地的水，那么，天长日久，碗里的水，是不是就会变成一堆杂质？你还能分清哪个才是你的真正的梦想吗？

好了，认定了她之后，从此，你要做的唯一的一件事，就是迈着坚实的脚步，奔着她而去了。这一路上，一定有风雨有坎坷，也一定会有着海妖塞壬的魅惑的歌声。但我深信，青春的脚步，一定不会止步于一沟一壑；青春的脚步，更不会因为种种诱惑而偏离了正确的方向！

唯有如此，你，碗，还有碗里的水，才会成为你的人生道路上一道最美丽的风景！

从这篇日志中可以看出，王小棉已经具备了一定的理性，对理想的认识，已经具备了三个层面：第一，理想的确立，应该符合自己的客观实际，不能过高，也不能过低。第二，理想具有相对的稳定性，可以适当调整，但不能经常变动。第三，实现理想的最根本途径是脚踏实地，否则，理想就会变成空想。

有了这篇日志作为蓝本，和王小棉“谈谈理想”就轻松多了。

“我们非常认可你的观点，理想，确实要‘基于现实又高于现实’，那么，你确立了这样的目标了吗？”

“有啊。从小到大就没变过。我觉得自己有这个方面的优势啊。正义是吧？还有，口才也顶呱呱的哦。加上我的记忆力也不赖，对法律又非常感兴趣，所以，将来做一个律师或法官，仍然是我的梦想。”

我想起王小棉年少时的第二梦想，便插了一句：“不想成为知名度很高的演员了？”

王小棉立马来了劲，夸张地在客厅里走了一圈猫步，然后收步，叉腰，扭头，唉声叹气地说：“你们俩基因不行啊。搞得我个子不够高，脸蛋不够漂亮。不过，最关键的是，我可 hold 不住影视圈里的那些潜规则！还是拿起法律的利刃，与黑暗和邪恶作战比较适合我！”

“那么，就锁定法学专业了？不变了？”

王小棉说：“当然。没见我日志里说的那句‘常立志者无长志’嘛。”

“好。你在日志里说，要脚踏实地，还要自觉抵制诱惑，话好说，事难做。就说这诱惑，你可得拿出点实际行动来。比如，你藏在衣橱里的那些郭小四以及他麾下的那些写手们写的书。再比如，肥皂剧狗血剧手机网络……”

王小棉频频点头，说：“是啊，要实现自己的梦想，没有坚强的意志来与这些诱惑源作斗争还真不成。老爸老妈，你们就等着瞧好吧。不过，可得给你们俩提个意见，别人可以称我的偶像为郭小四郭四娘，你们不行！”

我和她爸对这点小要求自然爽快地答应了。接下来，我们围绕报考哪个学校的法学专业展开了讨论。暑假那场有目的的旅行之后，王小棉已经认定了想去北京读大学，可选的学校看似很多，其实却又很少——学校的选定，同样是要基于现实又要高于现实的。王小棉的成绩，清华北大人大估计是不敢奢望的，将这些一流的学校排除了之后，中国政法大学朝着我们款款走来——

就是它了！

7. 冷与热的相对论

那晚，放学回来后，王小棉情绪低落，一屁股坐在餐桌旁的椅子上，有一口没一口地往嘴里扒饭。我和她爸小心翼翼地问她到底遇上什么不开心的事了，竟连一个字也不愿意说，那晚的气氛，很是沉闷。

在我们的家庭分工中，担任先锋官上前探听原因历来是她爸的任务。也奇怪，都说女儿是妈的小棉袄，我们家王小棉有些心里话，却喜欢和她爸说。她爸不辱使命，也不过就耗时 10 分钟不到，就弄清了王小棉不开心的事由——

今天王小棉班上有个同学给人家出示了一份麦可思的《2013 年大学生就业年度指标》，2013 年度就业本科生红牌绿牌黄牌专业新鲜出炉，备受王小棉青睐的法学专业，名列红牌榜第二！

“红牌专业知道吧？就是失业量大，就业率低，月收入低，就业满意度低的专业，为高失业风险型专业！”

她爸显然对麦可思公布的这一结果感到有些难以接受。也难怪，在他的朋友圈中，法官自不必说，便是律师，哪个不是风光无限？法学如何就成红牌专业了呢？

问原因是她爸的事，解决问题那就得由我来唱主角儿了。

“小棉，是不是对读法学专业将来做一个弘扬正义、惩治邪恶的律师或法官的想法产生动摇了？”

“唉。理想很丰满，现实很骨感啊。真没想到法学竟是高危就业专业！可怜我那律政丽人梦哇！”

“什么是冷门专业？什么是热门专业？我觉得专家的分析固然要听，但是，我们还得将一个重要的因素考虑进去，那就是我们自己的‘兴趣维度’。简单地讲，我认为，你对哪个专业感兴趣，那个专业就是‘热门专业’。反之，就是‘冷门专业’。”

我把王小棉拉到我的电脑前，给她看我刚上网搜索出来的那份让她情绪低落的“2013 年度就业本科生红牌绿牌黄牌专业榜”：“你先看清楚，这是 2013 年度的就业预测。我们可以计算一下，正常情况下，你将会在 2017 年念完本科，如果你还想继续读研的话，你加入就业大军的时间至少还要往后再推迟两三年，也就是说，正常情况下，要到 2020 年，”我停顿了一下，“7 年时间，充满了变数。其他我不敢说，但有一条是可以肯定的，那就是，有一条规律将在这 7 年中发挥它的作用。”

“妈妈你是说，现在法学专业红牌榜上有名，众多考生即便像我一样的对它感兴趣，也有可能会选择放弃它而去报考绿牌榜上的地质工程、石油工程、采矿工程什么的？然后，7 年后，这些如今热门的专业，将会因为供过于求，从而导致就业的困难，到那时候，在今天那些备受冷落的专业如法学，反而可能会因为供不应求而积极反弹为抢手专业？”

“不排除这个可能。所以，我们在评判一个专业是冷还是热的时候，还得考虑这个社会的‘需求维度’。一味追求热门专业，极有可能导致‘冷就业’。不信你看和法学一起名列 2013 年度就业红牌榜的生物科学与工程这个专业，几年前，那是多热门的专业？所谓风水轮流转，三十年河东三十年河西，麦可思提供的数据，我们当然要加以必要的关注，但是，在选择自己的专业和将来的人生方向的时候，我觉得还是要尽可能地考虑自己的兴趣爱好，不要轻易地随大流盲目跟风。若是因此而选择了一个自己并不感兴趣的专业，你可能会痛苦一辈子。”

“就是，就像你妈，当年阴差阳错，没能录到自己喜欢的专业……”

我赶紧冲着她爸摆摆手："不说我的事了，咱说王小棉。"

"虽说冷热是相对的，是可以互相转化的，可是我还是很担心，万一到了我就业的那一年，这个专业的就业率仍然走低呢?"

"这种可能性也有。并不是所有的逆流而上的选择都会得到令人惊喜的结果。我们也要做好这方面的思想准备。不过，我总觉得，只要你足够优秀，即使整个行业低迷，你仍会找到属于你的机会。要知道，机会是从来不会疏忽更不会虐待那些有实力和有准备的人的。还有，我觉得，热门专业不等于热门职业，热门职业不等于热门就业，你将来能不能就业，并不单纯看你学的是什么，而是更要看你学得好不好。学得好，工作找你；学得不好，你找工作，还未必能找得到。也就是说，你的'实力维度'几乎是决定你的专业是冷还是热的一个关键因素。"

王小棉的眉头，开始舒展了开来："我明白了。实力才是硬道理。妈妈你有空再帮我查查我想报考的那个学校的那个专业历年来的就业情况吧。"

我笑了，说："这个，我和你爸早就上网查过了。你想报考的那个学校的法学专业，在同一类的专业性学校里，是数一数二的，学生的就业率和满意度都比较高。你刚才说的那句'实力才是硬道理'非常正确。自己学的专业，在若干年后会遭到冷遇还是受到欢迎，最关键的确实就是那一条，那就是看你自身的硬件。"

她爸插话道："等到你读完硕士出来，国家应该已经如期实现全面小康了。到那时，经济更加发展，法律体系也必将更加健全。法治社会，定然需要更多的法学人才。咱们要把眼光放长远点。不过，眼下最要紧的，我觉得还是要保持积极心态，踏实复习，争取在高考时考出好的成绩来。高考分数才是最要紧的，是吧?"

王小棉对她爸的最后一句反问，显然不很认同。但开初回来时的低落情绪却已经一扫而空了，因为王小棉一边将她爸往书房外推一边不住声地喊着："快去厨房再帮我弄点好吃的来！刚刚没好好吃！快饿死了！"

8. 长打算，短安排

“真倒霉，今天老班找我谈话了。”

“早在我预料之中！你们老班算是沉得住气的人了，换了我，早就找你谈了十次八次了，”她爸掏出手机，调出老班的短信，读给王小棉听：“王小棉同学在高三第一学期期中考试中，语文××分，数学××分，英语××分，三总××分，级次××名……”

我问道：“今天老班找你，一定是为了你这次的成绩吧？”

“嗯，万变不离其宗嘛。一开始，老班和颜悦色说要和我‘谈谈理想，说说人生’，我就放松了警惕，将我的高三规划一五一十说了。和我一同被找到办公室去谈话的还有几个同学，灿姐啦，宋佐啦，马傲啦，也都如实说了自己的打算。妈妈你说我们老班怎么这么神？被老班找过去的这几个，都是将高考目标城市锁定为北京的！”

“这有什么，一个班主任没有几把刷子能成？依我看，你们老班，估计在班上安插了内线。眼睛瞪这么大干嘛，你妈我也这么干的嘛。密切关注学生动态，将问题消灭于萌芽状态，一切为了学生，为了学生的一切，为了一切学生嘛。”

王小棉不客气地叫了停：“我们几个呱嗒呱嗒说完后，老班忽然把脸一沉，说，告诉你们几个，京城不是好进的！先说你王小棉，目标是中国政法大学，是吧？你知道中国政法大学近几年来的录取分数线是多少？还好，妈妈你昨天晚上还和我说过这个问题，我就和老班说，我妈妈一个朋友家的儿子大前年考了400分，因为选修科目有一门没能达到A，结果没能报考北大，录了中国政法大学。还有，爸爸老家有个女孩，去年也是录的中国政法大学，她的高考分数是387分。老班一听，脸拉得更长了，将这次考试的成绩表哗啦一下铺在桌上，说，你自己看看，多大的差距？四五十分啊王小棉！现在，我要布置给你一个任务，回去好好想想，如何在剩下的不到八个月的时间里，将这几十分的差距咬牙追上去！考虑好了，形成一份书面材料，明天早晨交给我。爸爸妈妈你们说老班这不是逼上梁山嘛。八个月，几十分啊。我的个神！以为我是飞毛腿啊？"

"老班最了解你，如果断无可能，老班不会对你提这么个要求。四五十分，听起来，确实难度不小。但是，只要咱们科学规划，分步实施，倒也并不是一点希望都没有的。记得日本有个叫山田本一的马拉松运动员曾在自传中分析自己两次夺得国际马拉松比赛冠军的原因，他是这样说的：'每次比赛之前，我都要乘车把比赛的路线仔细地看一遍，并把沿途比较醒目的标志画下来：比如第一标志是银行，第二标志是一棵古怪的大树，第三标志是一座高楼……这样一直画到赛程的结束。比赛开始后，我就以百米的速度奋力地向第一个目标冲去，到达第一个目标后，我又以同样的速度向第二个目标冲去。四十多公里的赛程，被我分解成几个小目标，跑起来就轻松多了。开始我把我的目标定在终点线的旗帜上，结果当我跑到十几公里的时候就疲惫不堪了，因为我被前面那段遥远的路吓倒了。'如果将高考比成一场马拉松，那么，你的终点线，就是北京。王小棉你倒是说说看，要想获取这场'马拉松比赛'的胜利，必须怎么做？"

王小棉若有所思地点点头："目标是需要分解的，要像山田本一那样，将最终目标具体分解为一个个的阶段性目标。甚至，阶段性目标还可以进行更具体的分解。山田本一的成功，告诉我一个道理，当我们实现了一个个的分解目标的时候，我们就能及时地得到一个正面激励，而这种正面的激励，对于培养我们挑战最终目标的信心的作用是非常巨大的！"

我频频点头，说："那么，老班要的那份书面材料，该知道如何着笔了吧？"

“那我去写了。写完之后你们俩再帮我提提意见。”

半小时后，王小棉拿来了《我的计划书》。计划书订得比较详尽，将最终目标分解为一模、二模、三模、四模一共四个阶段性目标，每个阶段性目标下，又细细标上了语文、数学和英语可望提高的分值。具体到每门学科，又各有更详细的具体到各大题型的“涨分计划”。

我和她爸充分肯定了王小棉的雄心壮志，并提出一个建议，那就是在自己的计划中，还可加上一条：报名参加中国政法大学的自主招生考试，争取获得该校的A类优惠政策——只要高考分数达到当地一本分数线便予以录取。

王小棉说，“这一点，补充得太对了！按照我目前的成绩，达到一本分数线还是极有可能的，何况我还有8个月的时间呢！如果我能“自招”成功，北京，我还真就去成了！”

她爸说：“但咱们也不能盲目乐观，万一成功不了呢？所以，咱们还是得按你既定的计划来，做好‘裸考’的准备。”

我点点头，说：“去完善一下你的计划书。相信明天你们老班那儿，应该能过得了关。”

王小棉拿着计划书回到书房后，她爸不禁担忧地悄声问我：“你说，就这么二百来天，咱王小棉的成绩真的能提高那么多？我怎么觉得没有多少提高的余地了呀？”

我赶紧捂住那张释放着悲观负能量的大嘴：“这种话，可千万别在王小棉面前说！士气可鼓而不可泄，何况，一个人永远不知道自己的潜力有多大！”

悄悄推开书房的门，看到王小棉正在认真修订计划书。我默默地送出我的祝福：“每个梦想的实现，都是一个艰难的过程。希望你能经受得住每一次考验，成为那个笑到终点的人！”

9. 既要仰望星空，又要脚踏实地

班会课上，班主任设计了一张表格让大家填，要求大家对 5 年、10 年、15 年、20 年后的“我”进行人生规划。大部分学生的答案都是基本雷同的——5 年后，找一份好的工作或者继续读研；10 年后，拥有一个美满的家庭；15 年后，在某个领域崭露头角；20 年后，成为行业翘楚。杨阳却不——

“5 年后，从美国一流大学顺利毕业。10 年后，在华尔街站稳脚跟。15 年后，进入福布斯排行榜。20 年后，回国，领导中国走资本主义道路。”

两天之后，班主任约见了杨阳的父母。四个人对杨阳的这一纸人生规划展开了讨论。

班主任：咱们先谈谈这份规划书的可操作性。

杨爸：5 年计划可实施。钱不是问题。

班主任：杨阳的 5 年计划是要从美国“一流大学”顺利毕业。杨阳，你知道美国有哪些大学堪称一流吗？

杨阳挠挠脑袋：我只知道其中几所，哈佛大学、耶鲁大学，还有哥伦比亚大学。

杨妈补充：麻省理工、加州大学伯克利分校也非常有名。

班主任：5 年后去国外念书，也许确实并不是什么难事。不过，要想去美国名校读本科，杨阳你知道要做好哪些方面的准备吗？

杨阳：我可以考SAT和TOFEL。我英语底子不错，只要继续努力，TOFEL问题不大。至于SAT，一次不行再考一次。相信我老爸老妈会支持我的。我还了解到，要申请到哈佛、耶鲁这样的常青藤名校的奖学金，单靠成绩还不够。还得有其他的出众的才能。不过，我会努力的！

班主任：尽管杨阳的学业成绩并不突出，但我想，只要他肯踏踏实实地努力，一切皆有可能。你的10年计划说的是要在华尔街站稳脚跟，15年计划是要进入福布斯排行榜，我很欣赏你的少年壮志，但我必须强调一条，我们固然要仰望星空，但我们更要脚踏实地。下面我们谈谈你的现状。

班主任拿出一只棕色的档案袋。档案袋里，装着杨阳参加社会实践的活动记录、高中每学期的成绩报告单、各种获奖证书等，当然，里面还装着一些班主任认为比较重要的东西，比如杨阳在班上发动义卖的图片资料。

班主任：我们先来看一看杨阳的社会实践活动记录。连同高一、高二在内，杨阳参加的社区服务和社会实践活动内容主要有：去乐天玛特广场为义诊活动做志愿者；进社区，出板报，打扫卫生；在文化广场为身患绝症的同学募捐；在高考考点担任导护志愿者等。现在很多高校都普遍重视社会实践活动，关注学生的综合能力，杨阳在这方面做得还是很不错的，值得肯定。

杨妈：这一点，我们俩从小就注意培养孩子关爱社会、服务社会的意识。每年的寒暑假还有其他节假日，我们都会提醒他要积极主动参加结对社区的活动，培养他的爱心，锻炼他的才干。

班主任：你们做得对。只有有责任心和爱心的父母，才能培育出有责任心和爱心的孩子。下面我们说说杨阳的学业成绩。这是高一阶段的四次大考的成绩，这是高二的，这是进入高三之后的两次考试的成绩。杨阳，看了自己的成绩，有何感想？

杨阳：唉。我也就英语还能拿得出手。数学，是我的软肋，一不小心就会不及格。语文，基础知识不扎实，作文也只能拿到基本分。所以，这综合排名，就总在数百名开外了……

班主任：据我所知，现在，越来越多的国家开始重视我们中国的高考成绩。

像澳大利亚和德国，都以国内的高考成绩为基础参考录取呢。不管你将来是参加国内的高考还是考 SAT，在校的成绩都是招生院校非常看重的因素。恕我直言，你现在这样的现状，非但考不好本国的高考，SAT 想考出好成绩，可能性也不大。

杨爸：我就说嘛，不能把希望全部寄托在出国留学上。不管到哪里读大学，都得将基础打好。还是你们班主任老师说得好，既要仰望星空，又要脚踏实地。否则就成了好高骛远了。不肯努力，就只能永远“仰望”，永远都成不了“摘星手”。

班主任：杨阳，你觉得爸爸说得对不对？

杨阳：嗯。不管以后如何，我都要积极做好参加高考的准备。不管将来在哪里读大学，我都要从各方面增强自身的实力。

班主任：好！相信你会为了自己的理想而脚踏实地、努力奋斗的。咱们最后再谈谈你的 20 年规划。你说你要“领导中国走资本主义道路”？你的这个目标，有点意思。能具体谈谈吗？

杨阳：我爸说，中国现在很多方面其实都是在搞资本主义。中国应该补上资本主义这一课。中国目前还存在许多问题，就业、社会保障体系、食品安全……

杨爸：这……

班主任：哦？那么，杨阳，你和爸爸探讨过中国当初为什么跳过资本主义而直接走上社会主义这个问题了吗？还有那条生产关系一定要适应生产力发展的规律？要知道，在这条规律的作用下，资本主义经过充分发展后，也是必将要进入社会主义的呀。杨阳，你能看到中国目前存在的诸多问题这很好，你看这样好不好，咱们将你的 20 年后的人生目标做个修改——为更加民主与自由的中国奋斗？

杨阳认真思考了一下，点头同意了。

杨阳离开班主任办公室的时候，说：“老师，爸爸、妈妈，相信我，今日杨阳，已经不是过去的杨阳了。过去的杨阳，努力程度还不够，逃过课，抄过作业，但这些，都是过去的杨阳了。你们等着瞧我的好吧。”

那么，且用15～20年的时间，安心等待懂得了脚踏实地的杨阳，上名校，登上某某排行榜，而后，成为某某风云人物？

谁能说这一切就绝对不可能呢？

10. “三步走”，力争“自招”成功

关注自主招生，是在4年前。之所以那时就开始关注“自招”，其实并不是因为王小棉，而是因为我的朋友朱逸。

那年6月，朱逸贴出了一篇博文《儿子的“滑铁卢”》，详细记录了带着当时读高二的儿子涵涵去南京参加“自招”的过程与得失。朱逸的儿子很优秀，历次考试成绩在南通中学都名列前茅。然而，笔试、面试都自感发挥出色的涵涵，却没能成功斩获两所高校的“入场券”。涵涵很受打击，朱逸则更不要说。从此知道，对“自招”，不能太当回事，但又不能太不当回事。太当回事，倾尽全力，最后遭遇“滑铁卢”，无论对大人还是对孩子，心里都极不好受。太不当回事，还不如索性不参加“自招”，破釜沉舟，“裸考”得了。

1年后，朱逸带着涵涵重整旗鼓，又奔赴“自招”的战场。这次涵涵报考了两所名校的“自招”，两所学校安排的考试时间非常近，一场周六，另一场在周日。而两个考场，却相隔了将近5个小时的车程。朱逸带着涵涵马不停蹄从一个考场赶往另一个考场，结果，非常遗憾，用朱逸的话来说，“驼子跌跟头，两头不着实”，全黄了。

时间过得很快，比涵涵小3岁的王小棉也到了考虑“自招”的时候了。在富有经验和教训的朱逸的指点下，我们一家对“自招”进行了“三步走”的战

略规划，从而保证了“自招”的最后成功。

第一步，选择合适的学校。要从孩子的实际出发，不能将目标定得过高，还要充分尊重孩子的意愿。此外，数量不能太多，虽说数量多点可以降低风险，但是，有些因素是必须要考虑的，比如，各个学校的“自招”时间能否错开？孩子的时间和精力以及家长的经济实力能否跟上？鉴于王小棉成绩不稳定以及晕车晕船晕飞机等实际情况，我们经过慎重的考虑，最后决定，只选择一所。只选择一所学校，固然有风险，但是，却也达到了集中优势兵力，毕其功于一役的效果。选择了合适的学校之后，就可以领取“自招”志愿表，争取获得校荐资格了。拿不到校荐名额也不要紧，还可以通过自荐渠道参加“自招”。总之，目标学校的选定很重要。选择了正确的学校，就等于成功了一半。

第二步，精心准备报名所需要的材料。比如，有的学校需要提交自荐信。记得获得校荐资格之后，王小棉的班主任给我打来电话，叮嘱我要把好关，帮着王小棉“往死里进行自我表扬”，“尤其在为何选择他们学校方面要多着点笔墨”。我一一遵照着做了。至于王小棉从小到大尤其是高中阶段的获奖证书以及特长考级证书什么的，我原本就用一只专用抽屉收藏着，只要直接拿出去复印一下就可以了。提交完这些材料之后，要密切关注学校网站的“自招”动态，尤其是通过资格审核的名单的公布情况。

最后，也是最重要的一步，就是有条不紊，准备考试。必要的准备工作，如了解该校历届“自招”考试的题型，与有过“自招”经历的同学交流等都是必需的。但是，没必要花费太多的时间和精力。此外，入住的宾馆、双程的车票机票，都要预定好。记得我们提前一个月在网上预订宾馆的时候，竟然发现，考试那两日，离考点比较近的宾馆酒店都已经预订一空！最后，我们只能在离考点将近四公里处订下了两个房间。每天在路上耗时耗力，都是因为没做好这个方面的准备工作导致的。订票也要有一定的提前量。我们是提前一天赶到目的地住下的。经过将近一整天的休整，王小棉适应了环境，保证了充足的睡眠。而且，因为有了这一天的提前量，考前的那个下午，我们还带着王小棉在报考的那所学校的校园里从从容容地转了个遍，从而更加坚定了王小棉求胜的信念。

当然，在进行“自考”规划的时候，也要考虑一些不确定因素对孩子的影响。比如，王小棉的笔试是在第一天上午，而面试却在第二天下午。有两个半天，必须待在宾馆里度过。偏偏入住的酒店旁，有一家经营家具的，店主使用了一只电喇叭，从早到晚重复着同样的广告语："本店家具……欢迎购买!"真是让人崩溃。看到王小棉近乎抓狂的样子，我豁出去了，去和店主交涉。还好，店主通情达理，停掉了电喇叭。又如，王小棉抽取到下午面试的签之后，我们顿入愁城：考场离北京站还有好几个小时的路程，而我们早就定好的是当晚7点的返程火车票，考完了赶不上火车怎么办?看到王小棉忧心忡忡的样子，我赶紧安慰道，大不了，咱们多滞留京城一晚。王小棉进了考场，我们赶赴火车站，果断地退掉了火车票，改签了第二天一大早的飞机票。再比如，王小棉面试前出现考试焦虑了，我积极地进行心理疏导，努力为"自招"的顺利进行扫清路障。

经过一段时间紧张不安的等待，学校网站终于公布了入围学生的名单。王小棉顺利获得了最优惠的A类政策：只要高考能达到本省一本分数线，就予以录取。

从结果公布到高考，还有一两个月的时间。有些通过了"自招"的同学，错误地认为自己已经提前获得了该校的录取通知书，所以，放松了最后阶段的复习，结果大意失荆州，导致功亏一篑。最让人扼腕叹息的是王小棉班上有个同学，费尽千辛万苦，通过了北大的"自招"。结果，得意忘形，在六月份的高考中，竟严重失常，连一本线都没达到!

所以，即便"自招"如愿通过，高考前的一两个月，还是绝对不能放松，要根据原有的复习计划，有条不紊地积极备考。

11. 学习慧慧好榜样

给高三的孩子做一年规划，从帮助孩子树立“高三意识”开始，到孩子成功迈入心仪的大学校园收尾，所涉及的内容之多之广，非一言两语能够说尽。回想起来，有一个环节，在我们家的一年规划里，也起着必不可少的重要作用，那就是，和孩子共同寻找一个身边的榜样，将之作为人生的参照系。这个榜样，优秀自不必说，还有一个条件，那就是榜样存在的时间和空间距离，都不能离孩子太遥远，最好是能站立在离孩子前面不远的地方，在孩子触手可及的高度，对孩子说——

来啊，我能做到的，相信你也能做得到！

我很快将目标人物锁定为朋友陈博家的女儿慧慧，一个正在北京外国语大学读三年级的女孩，王小棉从小就特崇拜的偶像。

因为慧慧只有寒暑假才回来，为了能让榜样人物的作用发挥到最大，我特地改变了我们家年夜饭的既定格局，准备拼年。

和谁家拼年呢？王小棉提议说，不如就找慧慧和小拖拉两家吧。

一拍即合。三家在酒店里订了一桌，9 个人，热热闹闹地一起迎新年。我们三家，关系历来不错。陈博是三家之中的“大哥”，低调谦和，在南通大学教书，老婆梅夏是全职太太，在家打理陈博的日常起居。另一朋友艾梵，自己开了个公司，生意做得风生水起，老公高斌沉默寡言，是三家之中的“小弟”，女儿小名拖拉，读初三。

从小，王小棉就是慧慧的跟屁虫。小拖拉呢，则是王小棉的铁杆粉丝。

如何让我们的年夜饭吃出点内容和质量？陈博提出一个建议，三个孩子，必须在新年的钟声敲响之前，面对众人，进行一番演说。内容可以对即将过去的一年做一个回顾与盘点，也可以谈对新一年的打算与展望。作为提议人，陈博进行了示范性发言，毕竟是大学教授，条分缕析，精辟独到。

大三学生慧慧的发言果然有乃父风范。

首先，对高中生活与大学生活进行了一番对比。慧慧说，如果说高中生活是一场拉练，那么，高考，则是等在前方的一场大决战。硝烟过后，呈现在你面前的，将是满目的山花烂漫。最绝妙的风景，常常藏在高山幽谷。只有那些敢于将拉练进行到底的人，才配与这样的风景邂逅。至于拉练过程中的那些苦，那些累，还有那些泪，都是人生的必修课。跌倒了，别害怕，咬紧牙，重新来。因为，这个世界上，没有比脚更长的路，也没有比人更高的山。慧慧的这番话，对王小棉来说，真是来得太及时了。由于没有处理好高二与高三阶段的衔接，整个高三上学期的王小棉，状态低迷，一度甚至对自己的学习能力产生了严重的怀疑。而现在，她的偶像慧慧举着盛满了葡萄汁的杯子对她说，一个人面对挫折和痛苦的态度，将会决定一个人的人生和成就。只要内心足够强大，那么，再大的困难，也摧毁不了一个人内心的尊严与傲气！王小棉还有什么理由再颓唐呢？王小棉说：“慧慧姐姐，你放心，我，决不会让我遇到的这些困难成为压垮骆驼的那根稻草。”小拖拉呢，也用力地和两个姐姐碰了杯，说：“我也要笑对挫折！”

其次，对自己一年来参加的社团活动做了一番回顾。慧慧说，参加了一次大型文艺会演，为了其中的一个动作，在长安街上，一练就是大半日，体会到了细节决定成败。主持了一次辩论赛，领悟到一棵大树在风里能倒下，在林子里却能扛过风雨。还争取到了一个到德国家庭做家教的机会，教两个孩子中文的同时，也提高了自己的德语口语水平。慧慧说，今年让我最为自豪的事情是，从前我都是理直气壮地找爸爸、妈妈要压岁钱，而今年，我第一次用我自己挣到的钱给我爸爸、妈妈包了压岁钱！陈博与梅夏，一脸的幸福，而我们两家，则满脸的羡慕与嫉妒。轮到王小棉发言了，仍然精短，我将之归纳为九个字：低调做人，高调做学问。我们发现，慧慧几乎就成了王小棉下一年的风向标。高三下学期的王小棉，逐渐从低谷中走了出来，几次模拟考试的成绩都稳步上升，人也变得乐观开朗。尽管学习生活非常紧张，作为班级文娱委员，还是积极组织了如汉文化的推广和英语剧的表演等文体活动。更让我们欣慰的是，对我和她爸，王小棉也变得比过去更加懂事和体贴。而小拖拉呢，不仅拿回了省健美操大赛的金奖，还学会了做好几个菜呢。

慧慧发言的最后一点是对未来一年的规划。慧慧的计划是准备去德国读研。之所以考虑去德国，一则因为自己学的是德语，二则因为去德国读研，所需花费不多。爸爸虽然收入不错，但除了要供养她读书之外，还有年迈的爷爷、奶奶需要赡养，所以，得考虑家庭的经济能力。慧慧强调，凡事预则立，·不预则废。做任何事，都要提前规划，未雨绸缪，这样才能更高效地达到预期。所以，现在她正在紧锣密鼓做着各项准备工作。王小棉则明确表态，自己也要学慧慧姐姐，去北京读书。王小棉给自己打气说，心有多大，舞台就有多大，相信我会听到梦想开花的声音！小拖拉说的则是，我也要学小棉姐姐，考进第一流的高中！

帮孩子找一个生活中的榜样，多好！他们在孩子成长道路上所起到的作用，有时都超出你的想象！在写这篇文章的时候，已经成为德国留学生的慧慧刚发表了一条“说说”：想家了，回国倒计时。王小棉呢，如愿拿到了去北京念大学的录取通知书。小拖拉也已经正式成为了低王小棉三届的校友。

12.“后高考时代”，让自己 High 起来

高考后，也不过狂欢了不到三天，王小棉就一脚踏入了“后高考时代”——也就是高考过后，孩子极度紧张而亢奋的神经突然松弛，从而引发无限的空虚的时段。一想到“后高考时代”几乎长达三个月，王小棉坐不住了，强烈地要求我们与她一起好好规划，要让这三个月变得“摇曳多姿”和“活色生香”。

经过一番讨论，我们很快确定了让“后高考时代”High 起来的四个主题：

一、学习一项技能

她爸提议说，可以充分利用这三个多月的时间，找个驾校，报名学驾驶去。原本是个很不错的主意，但是，驾校负责报名的那人一看王小棉的身份证，摇摇头说，你还不满 18 岁，等明年再来吧。王小棉羡慕嫉妒恨地看着那些正在练习 S 弯和过限宽门的同龄人，闷闷不乐地回了家。

王小棉无所事事地在书房和客厅里转了两圈，然后，很坚定地说，我不能将这三个多月的时间浪费掉，我一定得学点什么。我说，这个我绝对支持。你不妨上网问问你的同学们，看看他们除了学驾驶之外，可有其他什么好主意。

有了，有同学正准备报名参加“大学英语预科班”的培训呢。

陪王小棉去培训点一问，第一批学员已经招满。下一期要到7月初。

还有二十多天如何打发呢？

对，可以利用这段时间，重新拜师学琵琶。王小棉的琵琶弹了10年，考过10级证书，但高三一年，学习太过于紧张，几乎没碰过琴弦。再弹时，已经很是生疏。如今重拾旧爱，家中弦乐不断，不也是一件赏心乐事？

二、尝试打一份工

主意是王小棉出的。说要利用这段时间，接触社会，增加阅历，提高能力。一打听，还真来了个机会。同班同学李冉冉有个亲戚，刚开了家咖啡厅，一时招不满服务员，正缺青春靓丽的小姑娘们呢。

那天一大早，王小棉梳洗妥当，然后扔下一句“我上班去啦”，就开始了她的打工之旅。是个周六，我和她爸两个人在家里大眼瞪小眼，一百个不放心——这个一直被我们当做小公主一般疼爱的女儿，没有一点为别人服务的经验，会不会毛手毛脚打翻了杯子？会不会冲着客人发脾气？越想越不放心，她爸就偷偷摸摸地去“探班”，结果，没找到地儿，打电话请求王小棉指点迷津，遭到了王小棉的拒绝。好不容易等到王小棉晚上“下班”回来，方才了解到了一点儿情况——由于刚开业没几天，所以，咖啡馆的生意几乎可以用惨淡经营来形容。偶尔来个客人，还是个特地抽空前来捧场的亲朋。王小棉说，她们几个，没什么事情可做，基本上就是坐着聊天。第二天，王小棉的兴致没有第一日那么高，但还是一大早就又去了咖啡厅，晚上回来时直叹气，说今天一天的经营情况可以用门可罗雀来形容。第三天，情况略有好转，但仍还是门前冷落。到了第四天，王小棉不去了。我给她打气，说你要坚持下去啊。刚开业的时候都会经历这么一段“瓶颈”时期的，不能一遇到困难就退缩。王小棉说：“李冉冉家亲戚说了，由于刚开业，赚不到钱，所以，我们去帮忙，欢迎。但是，工资，就不给我们开了。”我说：“不开工资就不开工资吧，我们也不是冲着那几个钱去的，总好过你在家里闲得两眼发直。”王小棉说：“问题是，我们几个待在那儿，同样也是闲得两眼发直，根本就满足不了我们想通过打工了解社会、接触社会的愿望。”

很快，王小棉又有了第二次机会。这次是去教一群孩子做手工。对王小棉进行面试的是个比王小棉大不了多少的女孩，女孩问，你过去有过做手工的经历吗？王小棉巧舌如簧，说，我打小心灵手巧，再复杂的手工活儿，只要人家给我示范一遍，我立马就会。那女孩竟真的取来一叠纸，兴致勃勃地教起了王小棉。可惜，等到王小棉将那些招数悉数学到手，女孩将电话打到幼儿中心说已经物色到一个合适人选的时候，人家说，哎呀呀真不巧，我们刚刚招满了！

王小棉的打工计划，遭遇了第二次破产。王小棉大发感慨，说，真没想到，想找一个没多少技术含量的工作，竟这么难。

我因势利导，说，可不是嘛。未来的就业形势很是严峻，所以，大学入学之后，你一定要埋下头来，好好学习，要努力让自己变得更优秀。

三、结伴短途旅行及其他

好不容易从高考中解放出来，岂能错过这段好光阴？所以，我向王小棉提议说，你不妨约上几个同学，出去旅游，与山水同乐。

这个建议王小棉是很赞成的。很快，就与死党吴冕一拍即合，两人当即买了去常州和上海的车票。为了这次旅游，两人事先将住宿的酒店、游玩的线路都安排得妥妥帖帖。两人去了恐龙园、天目湖，登了东方明珠，去了外滩，逛了南京路，还顺道拜访了在两地工作的几个亲戚，尽兴而归。

此外，征得我的同意后，王小棉还去某健身中心办了一张健身卡，闲时呼朋唤友，打羽毛球、游泳，强身健体，愉悦身心。

在我们一家的摆脱“后高考时代”空虚症候的规划中，还有一项重要的内容不能不提，那就是“常回家看看”，尊老孝亲，学会感恩，这不仅是对我们的道德要求，也是对我们的法律要求。所以，每个礼拜，我们都尽量安排时间，带着王小棉，回老家去看望爷爷奶奶外公外婆。陪他们聊聊天，帮他们做一些力所能及的家务活。

如此这般一规划，“后高考时代”也可以做到不空虚、不郁闷，“后高考时代”同样可以High起来！

2

第二章　因为尊重，所以选择

——给孩子营造良好的成才环境

导读：父母是孩子的第一任老师。家庭，是孩子的另一重要课堂。身处高三这一特殊时期的孩子，可能会脆弱、敏感与偏激，可能也会坚强、达观与自信。那么，面对孩子必然会遭遇的“瓶颈”与挫折，你准备好一颗平常心了吗？能从自己做起，适当减压吗？面对扑面而来的补课热潮，能淡定淡定再淡定吗？理解孩子，尊重孩子。轻装上阵，才能心想事成！

1. 慎给孩子“贴标签”

朋友班上有个孩子，名叫小卓。

开学第一天，卓妈愁眉苦脸领着小卓走进教室：“我这儿子，从小到大，就是不要好，以后肯定要麻烦老师您多费心！”朋友一边朝着卓妈使眼色制止她继续说下去，一边仔细观察小卓：头高高地昂着，眼斜斜地挂着，嘴紧紧地闭着，肩歪歪地耸着，果然是一副“不要好”的模样。

在这之后的好长一段时间里，小卓几乎成了让全班师生都很头疼的学生。课堂45分钟里，小卓只做两件事，摸手指头或者打瞌睡。打下课铃，小卓就精神大振，快速冲出教室，有时，上课铃打过了，小卓还在操场上疯野。有一回，隔壁班有个学生，无意触碰了小卓一下，小卓竟侦查到那个学生自行车的停放位置，坚持不懈地拔了人家半个月的气门芯。还有一次，化学老师用手里的试卷轻敲小卓的头，好意提醒小卓要认真听课。被惊醒过来的小卓竟仇视地瞪着化学老师，且出言不逊：“你有病啊？”

朋友便与卓妈有了第二次接触。卓妈正好急需求助——前一晚，娘俩因为一件小事起了争执，双方情绪都有些失控，结果，小卓竟动手将她推倒在地！卓妈咬牙切齿地说，老师啊，我这儿子，活脱脱就是一个不孝子！我真的都没脸来学校见老师！

这件事过后，小卓新添了个毛病，四处搜罗同学家长的名字，尔后将之背得滚瓜烂熟。从此，小卓对班上同学的称呼一律改变成了“某某某之子”或“某某某之女”，有时嫌拗口，干脆直接冲着同学喊同学家长的名字。爸爸妈妈的姓名，在孩子的心里，多少是带着些神圣的，岂能容许他人以如此不尊的口吻喊出来？因为这个，小卓与班上的同学矛盾不断。朋友找了小卓到办公室谈，小卓说，反正我妈说了，我就是个不孝子。

朋友在与卓妈第三次见面的时候给卓妈讲了个故事：有个老师，曾从60名高一新生中抽取出30名学生，组成一个实验班。这30名学生被告知，他们被选中的原因是因为他们“上进、阳光、潜力无限”。接下来的三年时间里，这30个学生果然呈现出他们“上进、阳光、潜力无限”的良好风貌，其名牌大学的录取率也远远超过了对比班。有人讨教实验班成功的秘诀，该老师才透露其实当年这些学生都是他随机抽取的。

朋友说，小卓妈妈，这个老师和你一样，也喜欢给孩子“贴标签”。不同的是，他给孩子贴的是“上进、阳光、潜力无限”的积极签，你给孩子贴的是“不要好，不孝子”的消极签，那个老师取得了成功，而你，正在收获着苦果。孩子有时就像是一张素洁的白纸，你给他贴上什么样的标签，他就有可能朝着什么样的方向发展。积极的心理暗示和消极的心理暗示，对孩子所起到的引导作用是截然不同的。

然后，朋友对卓妈提出一个建议：咱们尝试着给小卓贴一贴“上进、阳光、潜力无限”的积极签好吗？卓妈高兴地答应了。

小卓在公共车棚里顺手扶起了一辆倒地的自行车，卓妈当即表扬小卓“热心肠”。运动会长跑项目无人报名，小卓抢过体育委员手里的报名表，写下了自己的名字，朋友当着全班同学的面表扬小卓“有强烈的集体荣誉感”。小卓的英语测验不再挂红了，英语老师打电话给卓妈报喜，表扬小卓“追求进步”……

我也是个喜欢给王小棉贴标签的妈妈。小卓的成功转变，让我受到了一定的启发。就在我思量着给王小棉贴上哪些积极签的时候，朋友又给我讲了她的另一个学生小非的故事。

和卓妈不同的是，非妈一直很高调，口口声声宣称“我儿子聪明得很，作业不做成绩也不错”，“我儿子可懂生活了，连期末考试期间都要看电视的”，“我儿子可勇敢了，今天都敢碰我的方向盘了”。那么，被贴上了“聪明得很”、“可懂生活了”以及“可勇敢了”等积极签的小非，在学校的真实表现又如何呢？“懂生活”的小非，就连上课时也在积极补觉或偷吃零食。“勇敢”的小非则视规则为无物，因为违纪次数太多而在全校声名赫赫。至于成绩，中游偏下而已。

卓妈曾经因为给孩子贴消极签尝够了苦果，那么，非妈给孩子贴积极签，为什么也没能收获喜悦呢？

这是因为，即便是给孩子贴积极签，也还是得从孩子的客观实际出发，恰当把握好度的。无视孩子的现状，无节制地给孩子贴积极签，往往会滋生孩子虚荣、自负、骄傲等心理。聪明本是好事，但如果因为自恃聪明而丢了踏实，聪明就成了无根的浮萍。懂生活本也无可厚非，但如果无视时间地点，懂生活便演变成了孩子学业进步的拦路虎。勇敢原本是人性中的闪光，但如果少了法纪与道德的指引，勇敢有可能就会成为诱使孩子走向违法犯罪的恶魔。尤其是处于青春期的孩子，他们的自我意识逐年增强，开始质疑父母的“权威”，他们对自己在他人心中的形象清楚得很，过于高调和夸张地给他们贴积极签，他们会怀疑父母的目的，“很虚假”。有时，为了彰显“真正的自我”，孩子得到的积极签越多，可能反而会越顽劣。

小非的故事，让我明白了一个道理，那就是，从今天起，给王小棉“贴标签”时，不仅要贴积极签，而且，更重要的是得适可而止。

我的慎贴标签，不仅能及时提醒、督促王小棉不断矫正自己的言行，还对王小棉快乐成长为老师和同学公认的“三好学生”和“优秀学生干部”起到了一定的激励作用。

2. 因为尊重，所以选择

在中国家长的观念中，总想把最好的东西留给孩子。所以家长在自己力所能及甚至力所不及的情况下，总是把最好的生活、最好的教育、最好的呵护一股脑地馈赠给孩子。但我们有时恰恰容易忽略一个问题，那就是，我们眼里的“最好的生活”、“最好的教育”和“最好的呵护”，也是孩子自己想要的吗？

在王小棉的教育过程中，我始终坚持一条原则，那就是，尊重孩子的选择。

王小棉9岁之前，我没给她报过任何形式的补习班，而是任由她如同庭前的草，野生野长。我不急。我得等我的孩子能很清楚地知道自己想要的是什么。直到有一天，王小棉牵着我的衣角，将我带进了一家琴行。王小棉指着墙上挂着的琵琶，说：“我要。”我蹲下身子来，看到了王小棉满眼的喜欢，就问：“你确定你想要琵琶？你还可以有其他的选择，小提琴，钢琴，萨克斯，爵士鼓……”王小棉扭一扭身子，说：“我只要琵琶。”琵琶，我也是喜欢的，便付了款，抱着琵琶，带着王小棉，满城寻找老师。终于可以坐进琴室了，我再次蹲下身，对王小棉说，记得，学琵琶，是你自己做出的选择。凡是你想学的，妈妈一定尽力满足。但是，一旦自己做出了决定，就请记得，一定要善始善终。在你学琴期间，妈妈不会陪你，更不会拿木尺子打你的手心强迫你练琴。因为，我相信，你会用最好的表现去对待自己做出的决定。

王小棉小升初的那一年，和王小棉要好的几个同学的家长，几乎都使出了浑身的解数，想将孩子送进市里最好的初中。想进那所初中的人实在太多，为了公平起见，学校便采取了摇号的方式，也就是将孩子的报名号输入电脑，然后，由电脑派位。我也有些心动，征求王小棉的意见："咱们不如也去报名参加摇号？"王小棉很认真地说："我不想去凑那个热闹。因为我的同学中，好中差各种层次的，都去报名了。生源的质量，未必会有多好。"王小棉指着自己入学通知书上的学校名，说："还有老师的教学水平，我了解过了，这个学校就很不错。"我有些不敢置信，问："你真不想去最好的学校接受最好的教育？"王小棉说："妈妈，什么是最好的？绫罗锦缎，固然华美，但适合自己的，可能恰恰是棉与麻。"转天，我就带着王小棉去施教区里的那所中学报了名。三年后，王小棉轻轻松松地考进了市里最好的高中。

那所高中，优秀生云集，竞争自是异常激烈。家长们为了让自己原本已经很优秀的孩子能更胜人一筹，想方设法地为孩子找寻名师，报各种各样的补习班。我做不到稳若磐石，便和王小棉商量，"咱们要不要也报报提优班？"这回王小棉没加思索，说："要。我想报那种一对一的班。因为我明显感觉到，我的数学和英语，优势没从前那么明显了。"

只要是王小棉自己提出的合理的要求，定要想方设法地满足。我是这么想的，也是这么做的。一打听，一对一的那种班，收费非常昂贵。我咬咬牙，从银行里取出厚厚的一叠钱，让王小棉自己捧在手里，去补习班交了款。我想，我已经从王小棉满脸庄重的神色里看出了，她已经弄懂了我坚持让她交现金而不让她直接刷卡的用意。果然，王小棉没浪费在补习班里的一分一秒，成绩稳步上升，不久之后还给我捧回了进步学生的奖学金。虽然奖学金的数额远远低于我交出去的那笔上万的款子，我还是觉得，我做得值。要知道，在这之前，我有个朋友，强迫自己的孩子去上补习班，结果，孩子很反感，不是在补习班里和老师对着干，就是干脆中途就翘课。我劝朋友，己所欲，亦勿强施于人。你得问问你的孩子要不要呀。

高二文理分科时，对读文科还是读理科，王小棉和我们两个大人的意见其实是并不一致的。鉴于王小棉的理化成绩不错，我们都建议王小棉读理科，将来报考学校的选择面广，以后就业也相对容易些。然而王小棉有自己的考虑，王小棉说，学理科太辛苦，整天在题海里鏖战，学文科就轻松多了，再说我以后是想学法学专业的，还是读文科的好。既然王小棉对自己的将来已经有所规划，我们自然尊重王小棉的选择。王小棉的班上，有个叫莫亚的女生，运气就没王小棉这么好了。莫亚是想读理科的，可是，莫爸爸不允许。莫爸爸是个资深媒体人，很希望莫亚将来能继承自己的衣钵，结果，莫亚憋憋屈屈地进了文科班。王小棉有一次告诉我，莫亚的 QQ 签名是“下辈子一定读理科！”不知道莫爸爸看了自己女儿的这一签名，心里是何种滋味？

当然，尊重孩子的选择决不等于不闻不问放任自流。孩子毕竟还未成年，在一些重大事情的抉择上，我们还是要给出自己的意见的。比如，王小棉曾经想过放弃自主招生考试，我和她爸都觉得放弃可惜，因为王小棉的学习成绩很不稳定，就像荡秋千，忽高忽低，万一高考时秋千架落到了最低处呢？王小棉在对自己的现状与实力做了一番客观地评估后，采纳了我们的意见。但在报考哪所学校以及学什么样的专业方面，我们仍然充分尊重了王小棉的选择。

尊重是一种力量。尊重孩子，能有效地缓解学习压力，激发孩子的责任心和潜能。高三作为人生中的一大分水岭，孩子将面临不少重大的抉择，作为家长，要尊重孩子的意见，千万不要大包大揽，轻率地帮孩子做决定。

3. 谨防“关怀强迫症”

那晚，参加学生康乾的谢师宴回来，我一屁股坐在沙发上直生闷气。王小棉见了，很是不解：“我让你别去吧，你硬说人家考上了大学是件大喜事不能扫了人家的兴，怎么高高兴兴赴宴去，怒气冲冲回家来？”

我连叹三声——

却说那晚兴冲冲前往某酒店，车才泊好，就见康乾的妈妈拉着康乾的手热情地迎了上来。我一边笑着与康妈寒暄，一边朝康乾伸出手去：“康乾，祝贺你！”奇怪的是，康乾非但没和我打招呼，竟还沉着一张脸，对我伸出去的手，居然没有作出一点反应！我尴尬地收回手，问康妈：“这是……怎么了他？”康妈笑着搂过儿子的肩，说：“其实我们家乾乾今天已经有了很大进步啦！搁在平时，他哪肯出来吃饭？”

进入包间，只见里面已经坐满了康乾从小学到高中的几乎所有的任课老师。其中有个四十多岁的面目和善的女老师兴奋地冲着康乾喊道：“哎呀康乾，我都六年没看到你了！快点到我身边来让我好好看看你！”有人告诉我，女老师是康乾小学六年级时的班主任，当年对康乾甚是关爱。却见康乾充耳不闻小学班主任的热情呼唤，并没有走上前去让小学的班主任“好好看看”，而是眼皮耷拉着，径直在最靠近包间门口的一张椅子上坐下，一动不动，宛若石雕。小学班主任很尴尬，一旁的几个老师忙帮她解围：“看来康乾还和六年前一样！个性一点都没变！”康妈笑着接上话来，说：“是啊是啊，我儿子就这个臭毛病，不怎么喜欢搭理人。”

整个宴请过程中，康乾始终不发一言。人的情绪是有感染性的，很快，老师们都感到兴味索然，有的便随便找个借口提前退席。康乾的父母热情地送到酒店门口，而康乾，仍然端坐如石雕，似乎今日请来的和父母正在送走的客人们，是和自己完全不相干的陌生人。

听到这里，王小棉来了兴趣：“康乾为什么会这样对待客人呢？他爸妈请的可都是他曾经的老师啊！是不是他爸妈就是这样的人？”

我摇摇头。康爸是一个职位不低的官员，但热情谦恭。康妈对儿子非常关心，有事没事就往学校跑，后来竟熟悉到出入老师们的办公室如入无人之境。这和其他的见了孩子的老师就瑟瑟缩缩手脚都不知道往何处安放的家长太不一样了。都说每个孩子的身上，都有着家长的影子，为什么康乾就走向了康爸康妈的反面了呢？

我和王小棉一样，对康乾这个个案产生了浓厚的兴趣。

机缘巧合，几天之后，我遇到了我的高中同学碧云。而碧云，恰巧便是康乾的表姨。在谈到康乾一家的时候，碧云说，别看我表姐一家外表风光，我可是一点也不羡慕。别的不说，就说那乾乾，我觉得就是我表姐家庭教育的一大败笔！

在碧云的讲述中，我终于理清了康乾“变异”的几个因素。

首先是儿童时期缺少父母的陪伴。康乾的儿童时代是在乡下的爷爷、奶奶身边度过的。小学二年级后，康乾才得以回到父母的身边。陌生的新家，陌生的学校，陌生的老师和同学，康乾很长时间适应不了。而康爸康妈忙于打拼，忽略了孩子的内心感受。久而久之，康乾逐渐关闭了向爸爸、妈妈倾诉的大门。

初中阶段，康爸康妈的生活渐渐安定，有了时间和精力来关注康乾了。此时，他们也发现了康乾身上所存在的问题，很愧疚，决定加倍弥补。康妈甚至选择了辞职，专心在家相夫教子。康妈常对儿子说，你只要把学习搞好就成，其他的，什么都不要你操心！从此，康乾要关心的事，就只有三个：吃饭，睡觉，上学。至于如何去与人交往，怎样去面对生活中的各种变数，这些，都有爸爸、妈妈冲在前面呢。

康乾读高中了，康妈仍然是高中老师办公室里的常客。老师们经常对康妈说的一句话便是，要是你儿子有你一小半的活泛就好了。康妈并没有听出老师们的话里隐藏的意思，而是很高兴地接受了老师们对她的表扬。儿子下课了总是呆坐在座位上不想和同学出去玩怎么办？儿子学习上即使遇到了问题也从不求助于老师和同学怎么办？这些问题，在康妈看来，都不是问题。因为，这些，她都能帮儿子解决。

怪不得康乾在谢师宴上连起码的待人接物的礼仪都不懂，整个犹如一具木偶了！问题其实不只是出在康乾一个人身上。作为康乾的爸爸、妈妈，他们在家庭教育中，存在着一个严重的问题，那就是出现了“关怀强迫症”。

所谓“关怀强迫症”，指的是一个人特别需要他人依赖自己，总是强行向他人提供他人并不需要的关怀，从而使他人不能独立。这是一种不健康的、对人际关系产生破坏作用的心理和行为。过度关怀，是对孩子心灵的一种侵犯，是对孩子成长需求的一种忽略。许多研究结果都表明，过度关心及溺爱型教养风格会造成孩子心理的畸形，容易养成自私、反叛、低能等不良习惯和个性。所以，患上该症的家长必须及时加以矫正，否则，后患无穷。

回想起康爸、康妈这对父母，他们自以为用自己的爱为孩子撑起了一片无雨的天空，殊不知，这种大包大揽的过度的爱，恰恰扼杀了孩子自己搏击风雨健康成长的能力！作为家长，有句话是一定要牢记于心的，那就是“我能给予你生命，但我不能代替你生活”！

我很庆幸自己没有以爱的名义剥夺王小棉在生活中自我历练与成长的权利。

想想石雕一般的康乾，再看看活泼快乐的王小棉，我觉得自己的幸福指数快速上升。

4. 啸天的“爱情储备金”

三天前，啸天妈妈去银行缴纳水电煤气费，发现银行卡上少了 1000 元。啸天爸爸在外出差，根本不存在取钱的可能。一查询，得知这 1000 元是在某商场消费的。啸天妈妈是从不去那家商场的，再一细查，刷卡人的签名底单上，签的正是啸天妈妈的名字。而那笔迹，正是啸天的。

打电话给啸天爸爸，啸天爸爸很震惊。啸天爸爸让啸天妈妈稍安毋躁，说自己将尽快赶回来，一定要冷静下来，然后再找解决问题的方法。不想，方法还没想出来呢，啸天妈妈又有了惊人的发现！

啸天家住的是顶层，楼顶有个小阁楼，平时堆放了鸡肋般的一些杂物，一年到头，小阁楼的门都很少有人打开。那天，啸天妈妈准备将阁楼上的杂物清理清理，结果，在一堆旧报纸的下面，发现了一只塑料袋。袋里，整整齐齐码着一叠钱。啸天妈妈数了数，6300 元。

问啸天这 6300 元钱的来历，以及卡上那 1000 元的去处，啸天沉默不语。

隔一天，啸天爸爸回来。问清事情的原委之后，啸天爸爸将儿子带到楼下的小花园，父子俩进行了一番平等对话，啸天爸爸终于弄清，这 6300 元，是啸天读高中以来，每个月悄悄地从抽屉里抽取一两张，累积而成的。

啸天爸爸问，你要用钱的话是可以和爸爸讲的，为什么要偷偷拿呢？还有，妈妈卡上的那1000元，又是怎么回事呢？

啸天支支吾吾的，想说又开不了口的样子。啸天爸爸心中一动，问："儿子，是不是谈恋爱了啊？给女孩子买礼物了？"

啸天摸着头，承认了。那天，是女孩子的生日。啸天送了女孩子一双运动鞋。和啸天自己脚上穿的，是同一个品牌。

啸天爸爸问，谈了有多久了？

啸天不好意思地说，从高一就开始喜欢上了。向女孩子表白，却是进入高三之后才有的事。

啸天爸爸摸摸儿子的脑袋，说："儿子，你已经是个小男子汉了，知道孰轻孰重。爸爸也不是个老顽固，也知道你们面临高考，压力很大，容易产生厌倦、烦恼等情绪，此时格外希望能有一个异性同学经常在一起互相倾诉、安慰，彼此支持与鼓励，以缓解压力，这很正常，爸爸也是从那个年龄走过来的，能理解。如果恋爱能让我儿子进步和幸福，我为什么要阻挠呢。问题是，儿子，你能不能做到不影响学习成绩？"

啸天说："你不是都看到了嘛，我高三的成绩不是一直在走高嘛。我们已经相约了要考同一所大学呢。她的成绩比我好，我得加倍加油才能赶上她呢。"

啸天爸爸笑了。啸天爸爸说："可不是嘛。如果自己不够优秀，又怎么能赢得优秀女孩子的喜欢呢。不过，啸天，要是那个女孩子知道你是从家里偷偷拿的钱给她买的生日礼物，她会有什么反应？"

啸天说："以前看着电视上男孩子追女孩子，总是又是买鲜花又是买巧克力的，得花不少钱，我就偷偷地攒，刚开始的时候我也很害怕和后悔，但后来发现你们根本就没发现自己少了钱，就一直存着侥幸心理，没和你们说。你们能原谅我吗？"

啸天爸爸说："可以。但是，儿子，要给自己心爱的女孩子送鲜花和巧克力，得用自己的双手去挣。虽然你拿的是爸妈的钱，但是，严格地说，这也是一种偷窃。爱情原本是多么美好啊，可是，如果用偷来的钱来维持你的爱情，你的爱情就变味了，是吧？"

啸天点点头。

啸天爸爸说：“即使生活再清贫，人的一些操守还是应该固守的，你要记住，不管什么时候，都不要将自己的手伸到不该伸的地方，占有不该属于你的钱。啸天，有没有想过怎么处理这6300元的‘爱情储备金’？”

啸天说：“其实，我早就想找个机会还给你们了。它一直就像一块烙铁，始终炙烤着我的良心。爸爸，谢谢你，你让我明白了一个道理，真正的爱情，是无需用金钱去维持的。只有让自己变得更优秀，这才是最可靠的‘爱情储备金’。”

一场家庭危机，被啸天爸爸巧妙化解。

进入高考前的冲刺阶段，我最担心的，就是害怕王小棉谈恋爱影响学习。不过，我想，在读完啸天爸爸在我们高三（16）班的群共享里贴出来的以上故事后，我心里坦然多了。啸天爸爸的做法，给了我以下启发：

首先，要从积极的方面来考虑孩子谈恋爱这件事，尊重、理解、宽容、信任、关爱孩子。在和孩子沟通时，不要只谈恋爱的坏处。心理学研究表明，在原有观念和态度的改变过程中，单方面的信息说服远不如双方面的信息对比来得好。对于深陷其中的孩子，更是要注意谈话的内容和组成比例，要和孩子产生“共鸣”。

其次，平等对话，不能站在孩子的对立面。很多家长在得知孩子恋爱了的时候，非常着急和生气，在这种消极情绪的影响下，家长不知不觉就站在了孩子的对立面，成了孩子的敌人，这就直接决定了你无法说服孩子。实际上，要想说服孩子，最好成为他的朋友，良好的同伴关系对于孩子的态度改变来说，非常有效。

最后，还要注意的是，谈话过程中，不要说孩子的“恋爱方”坏话。有些家长会自然不自然地在心中对孩子的“恋爱方”怀有敌意，因此，在谈话中很容易流露出来，这会让孩子非常恼火和抵触。这个时候，适当表扬一下对方反而是一个可取方案。

总之，如果高考前发现孩子有了谈恋爱的迹象，不要大惊小怪，更不要将之视为洪水猛兽全力扑杀，而应因势利导，趋利避害，进行有策略的理性干预。千万不能激化矛盾，影响大局，毕竟，稳定压倒一切。

5. 穷养还是富养，这是个问题

当王小棉的衣橱里又冒出一批新衣的时候，我和她爸就穷养还是富养的问题进行了新一轮的磋商。

我指着那些潮人的服饰，数落她爸："富养富养，好了吧？都高三了心事还不在学习上，有点时间就溜出去逛街买衣服，还整天抱怨衣服永远都少一件！"

她爸极宠女儿，是要月亮摘月亮要太阳射太阳的那种，最看不得女儿受半点委屈，整天将那"穷养儿子富养女"挂在嘴上。我却隐约担心，总觉得没有伞的孩子，才会努力奔跑。

其实，在家庭教育中，夫妻双方存在某些差异，这是在所难免的。出现分歧后，应在私下里进行沟通，可不能当着孩子的面争执不休。

关于高三最后一个阶段是穷养还是富养问题，最后我们达成了这样的共识：物质上，维持现状，但注重勤俭节约的美德教育和精神上的富养。

升高三前的那个暑假，王小棉的英语老师随一教育考察团去马来西亚。负责接送他们的司机是个叫 LZ 的小伙子。LZ 的衣着甚是简朴，上穿一件圆领 T 恤，下着一条破旧牛仔裤。若是 LZ 走在我们南通的街头，大家绝对会将 LZ 归到穷小子的行列。LZ 的中餐，通常都是花费甚少的简餐。闲聊时，LZ 告诉考察团的老师们，除了接送他们，他每日还要另外打两份工。所以，老师们见到的LZ，总是奔跑着来，奔跑着去。有几个年龄稍大些的老教师，就感慨着说，这孩子，不容易呢。不过，这孩子的父母，有福了！穷点怕什么？有这样的儿子，就是一笔巨大的财富！后来，有一次，路经一高档别墅群，就在众团友艳羡不已的时候，忽听LZ羞涩地说，他的家，就在别墅群里面。要不是还要赶着去打另一份工，他倒是可以带大家去他家玩玩。直到此时大家才知道，LZ的父亲，竟是当地赫赫有名的一名富商！

LZ的父母，在物质上穷养儿子，但是，在精神上，却是实施着不折不扣的富养。LZ在穷养下的这份历练，以及借由这种历练所培养出来的自立自强的精神和吃苦耐劳的坚韧人格，这才是LZ的父母给予LZ的最大的财富啊。从这个意义上说，这种物质上的穷养，其实质正是一种真正意义上的精神上的富养。

富家穷养的事例还有很多。世界上不少顶级富豪，都选择了将自己的绝大部分财产都捐赠出去，只给自己的子女留下极少部分。在我看来，这才是得了富家穷养的真味：磨砺子女的意志，让子女在自己的打拼中体味到一粥一饭的来之不易，从而成为财富的创造者。

那么，穷家呢？富养还是穷养？

初看，似乎穷家富养也有一定道理。富养，可让子女体会到富的曼妙，从而促使子女为将来能有一份富足的生活而奋力拼搏。但是，若往深里想，我却觉得，穷家大可不必不顾家境，打肿了脸充胖子，对子女实施富养，要量力而行。因为，万一富养的穷家子女违背了父母的本意，养成大手大脚、肆意挥霍的恶习，可就有违穷家富养的初衷，甚至会误了全家的身家幸福了。要知道，奢淫骄怠，败富家，更会败穷家！

那么，不管是穷家还是富家，对子女，都是适宜穷养的？倒也不见得。我固然倾向于穷养，但我同样也能理解持富养主张的父母们的拳拳爱心。

做父母的，心里总存着这样一种担忧：若是穷养，会不会导致子女见利忘义见钱眼开？甚至导致子女失节与失足？这种担忧，其实不无道理。鉴于此，我觉得，对孩子实行穷养还是富养，大可不必一成不变，因为，决定穷养还是富养的，除了家境，应该还有一个重要因素，那就是孩子的个性以及身心发展的特点。

以王小棉为例。王小棉年幼时，对钱没有什么概念，其时，我力主对她实行穷养。偶尔王小棉得到些压岁钱，都如数上缴。后来到了小学中高年级，王小棉看到钱能买文具还能买零食，开始懂得了钱的重要性，不仅开始抗交压岁钱，还想方设法赚钱。譬如，通过做家务获得零花钱，用优异成绩赢取奖学金，通过参加有奖征文竞赛、演讲比赛获得一定数额的奖金等。及至后来，王小棉读初中，渐渐出落为一个靓丽的青春美少女，她爸开始担忧我一贯的穷养主张会导致王小棉抵制不了金钱的诱惑误入歧途，开始说服我，对王小棉实行富养。但富养的弊端，渐渐露出端倪。富养的王小棉，开始三天两头地出问题。今天去理发店整一个怪异的发型，明天偷偷地买只新手机，后天你说不定在她的床头柜里会翻出各种各样的化妆品和一些不入流的书籍。等到这时，她爸开始体会到富养政策的隐患，这才同意我的观点，对王小棉恢复实行穷养。当然，此时的穷养与年幼时的穷养是不同的。适当的零花钱还是要给的，但要求王小棉建立一个账本，记录好每一笔开支，并且对我们公开账目。

眼看王小棉远走高飞读大学也快摆上议事日程了，对大学生王小棉实行穷养还是富养？其实，无论是穷养还是富养，只不过是给孩子提供了一个外部条件，一个孩子能不能成才，关键在于，孩子们在精神上怎么去涵养自己。穷养富养并不是一个单纯的物质层面上的问题，如果注重精神上的富养，帮助孩子树立正确的金钱观与人生观、价值观，即便家庭条件不错的家庭，给孩子很好的物质条件也不会有什么不好的影响，反之，要是孩子养成了随意讲排场，跟人攀比，好逸恶劳的不良习惯，那么，不论穷养还是富养，都有隐患。

6. 千爱万爱，千万别溺爱

那天，在外奔波了一天，人很疲乏，吃过饭后，人懒洋洋的窝在沙发里不想动弹，就支使王小棉把水池里的碗筷刷干净，把厨房里的地擦干净。王小棉挽起袖子正要大干一场，她爸赶紧一把抢过洗碗布，命令王小棉道："家务活没你的事！你都上了一天的课了，还有一大堆的作业要完成，你给我马上、立刻、迅速地从厨房里消失！碗交给老爸来对付！还是老爸我对你好吧？"

我不满地对她爸牢骚道："还真没见到过有哪个家长像你这样溺爱孩子的！"

她爸哈哈一笑，问："我这就算溺爱了？小棉班上有个叫邢昊的男生你还记得吧？要说溺爱孩子，我还比不上他爸邢家辉一根毫毛！"

她爸的前同事邢家辉溺爱儿子邢昊那是相当出名的。多少人都曾尝试着去劝说邢家辉，说溺爱过度反而会害了邢昊，可邢家辉一句话也听不进去，直接就给你顶了回去："我怎么疼昊儿都不过分！我就是要让昊儿感到我比他亲爹还要亲！"邢家辉不是邢昊的亲生父亲。邢昊的生身父母早在11年前的一起车祸中，双双遇难。那时邢昊是个才6岁的小男孩，不过，已经开始记事，被久不生养的邢家辉夫妇收养后，一直共同生活到第三年，邢昊才开口喊了邢家辉第一声爸。听说，邢家辉那天热泪纵横，恶狠狠发誓道："我一定要让这个可怜的孩子享受到全世界最多和最深的父爱！"

邢家辉溺爱孩子的表现有三：

第一，三天两头的给老师递条子，要求老师免去邢昊的家庭作业。邢昊的天资中等，加之做事喜欢拖拉，所以，如果要保质保量完成各科老师布置的作业，每晚起码要拖到12点。邢家辉舍不得邢昊熬夜，每到11点，就准时拉下电闸，开初邢昊还闹着不肯，怕被老师批评，更怕成绩往下掉，后来逐渐习惯了，有时还不到11点就主动喊邢家辉拉电闸。

第二，风雨无阻接送邢昊。据王小棉说，邢昊是他们班唯一的一个连自行车都不会骑的男生。其实邢昊10岁那年也提出过要学骑车的，邢家辉死活不让。磕了碰了怎么办？更要命的是，路上的车越来越多，刚拿到驾照的新手越来越多。要是有个什么闪失，那可如何得了！为了能准时接送邢昊，邢家辉不知道换了多少工作——有哪个单位能接受邢家辉开具的“绝对不能出差”的苛刻条件呢？还有，别的孩子中午都在学校食堂就餐，邢昊不。每天中午11点半，邢家辉或者邢家辉的老婆就会拎着多层保温桶，里面装着每天花样翻新的饭菜，准时出现在学校大门口的传达室，等候邢昊的出现。

第三，无原则地满足邢昊的要求。王小棉说，邢昊是班上第一个用上iphone4的。邢昊的书包，价格高得离谱。身上的运动装和脚上的运动鞋，都是名牌货。除了王小棉，班上同学都以为邢昊是富二代。久而久之，邢昊也产生了一种认知幻觉，以为自己真的有个高富帅的老爸。有一次，邢家辉有事到班上找邢昊，弄得邢昊很不开心。邢昊不开心的原因是邢家辉那天的穿着随便了些，还有头发，也没打理好。

以上这些，还都是邢家辉溺爱史上的“小case”。高三家长群里，大家最津津乐道的是这样一件事：临近一模，邢家辉发现儿子的脸色不太好，蜡黄蜡黄的，有一次，邢家辉有个朋友随口说了句：“你们家邢昊脸色这么差，是不是缺氧啊？”邢家辉马上就去找他的一个医生朋友弄回一个吸氧袋，拿着管子就往邢昊的鼻孔里插，要邢昊吸氧。邢昊恨爸爸将自己当成了高危病人，一把将管子拔了，父子俩为了一个吸氧袋闹得不可开交。

毫无疑问，邢家辉是爱邢昊的。能做到如此投入地去爱一个和自己没有血缘关系的孩子，邢家辉确实令人钦佩。问题是，被父亲如此爱着的邢昊，各方面的表现又如何呢？

邢昊在学校里是被大家“anti”（反对）的。被“anti”的重要原因之一是自视甚高，唯我独尊。比如，邢昊在写作文的时候，屡屡自称“鸿鹄”，而将其他同学贬为“燕雀”。其人际关系如何也就可想而知了。被溺爱的孩子普遍存在着这样的性格缺陷：自感特殊，习惯于高人一等，没有同情心，不会关心他人。他们往往是人群之中最容易被“anti”、被边缘化的一类人。

另外，在学习上，邢昊缺乏上进心，没有忍耐和吃苦精神。邢昊上交的作业本上，经常有大片的空白。其实有的题目并不难，只要稍加思考，应该是能做得出来的。高考结束后，有一回遇到邢家辉，说尽管今年的数学试题很平易近人，但邢昊还是将最后两道题放弃了，未做。

此外，长到这么大，邢昊没洗过一次衣服，没帮爸爸妈妈做过一次饭，不懂得劳动的愉快，更不懂得关心体贴父母，以及主动帮助父母做些力所能及的家务活，承担起一个子女应该承担的责任。

什么是“溺”？就是“淹没”的意思。人被水淹没了叫“溺毙”，如果父母爱孩子爱得泛滥，爱得过度，这就是溺爱。溺爱也会“淹没”孩子的，不过，淹没的不是孩子的躯体，而是孩子本应具备的优良性格：自立、自信、自强、善良、有爱心、有责任感……被父母过度溺爱的孩子，在将来步入社会的时候，稍遇挫折，便会一蹶不振。压力稍大，便几乎难以承受。不懂得珍惜友情与爱情，在社会交往中，想多享受点权利少履行点义务，可谓举步维艰。

所以，作为父母，我们要学会拒绝：孩子能做的事，拒绝代办，鼓励孩子自己去尝试。对孩子提出的无理要求，坚决说不。因为爱不是无原则的。爱是理解，是宽容，但对孩子的严厉，又何尝不是一种爱？孩子犯了错，坚决拒绝为孩子打掩护，鼓励孩子勇敢地面对错误，进而改正错误。此外，我们还要放手让孩子积极承担自己应该承担的责任，比如，整理整理自己的房间，做做其他力所能及的家务，这其实也是对高三紧张的学习压力的一种缓解。

我们都爱自己的孩子，但是，我们绝不能让我们大包大揽的爱，成为扼杀孩子大好前程的杀手。

7. 呵护高考生的“瓷器时光”

高考渐近。王小棉忽然格外话痨。每有空闲，必黏着我，讲她的同学，那群高考生。

譬如女生邓小灯。

邓小灯是语文课代表，邓小灯说话，便极注重遣词造句。三模中，邓小灯的英语考砸了，灰溜溜趴在桌上，恨不能变成隐形人。英语老师偏不放过邓小灯，用手指敲邓小灯的课桌：“任务型阅读的第一题非常简单，在我印象中，全班做错这道题的，不超过 5 个。做错了这道题的笨蛋下课后到我办公室面谈。”一下课，另外 4 人，埋头耸肩，乖乖地跟在英语老师的屁股后面，接受再教育去了。邓小灯就像没看到，坐在位置上，托腮，做凝望星空状。英语老师苦等一上午，终于火起，从教室里喊出邓小灯。邓小灯一脸无辜样，说：“我倒是也想去找您面谈，可您说了，要得到面谈的机会，得符合两个条件，其一，做错了那道题的。其二，必须是笨蛋的。很遗憾，我只符合第一个条件。”说完，邓小灯推开教室门，没事人一样，回到座位上继续听课。英语老师受到如此顶撞，心里很不舒服，晚上便将电话打到邓小灯家，要求邓小灯道歉。邓小灯不肯。邓小灯说，该道歉的是您，因为您居然想让您的学生带着“笨蛋”的阴影走上高考的考场。据王小棉说，英语老师当场就晕厥了过去。原本不至于如此的，但，高考压力下，敏感而脆弱的，不仅是高考生。

再譬如男生石南。

石南的成绩不错，已提前通过某重点大学的自主招生选拔。然而，石南父母的婚姻出了问题。石南每次回到家，就心烦气躁。在距离高考还有25天的一个晚上，石南的父母再一次吵得不可开交。石南劝架未果，悲愤交加，第二天早上，石南悄悄收拾了几件换洗衣服，背着书包，在大街上游荡。如果没有25天之后的高考，石南是想随便买张车票浪迹天涯去的。就在石南不知何去何从的时候，石南发现自己已经站在了一家社会办学机构的招生办公室里。石南心里一动，视为上天的指引，随即为自己办理了全托手续。就在父母满城寻找石南的时候，石南通过那家办学机构的工作人员给父母打了个电话："石南同学已在我处办理了全托手续，请您尽快前来缴纳学杂费。"王小棉说："妈妈你可能不知道哦，那种全托的高考冲刺班的学费要多贵有多贵，不过就20来天，就要交2万多呢。而石南的家庭并不富裕。石南的父母为什么总是吵架？原因只有一个字，穷。贫贱夫妻百事哀呗。"王小棉又问我："你会不会认为石南不懂事？"我反问："你说呢？"王小棉叹口气，说："我们班同学都力挺石南，都觉得真正不懂事的是石南的爸爸妈妈。后院都失火了，你让前方的高考生如何有心思全力搏杀？躲到那全托倒也好，眼不见为净。"

还有一个叫顾春花的。

顾春花的父母都是农民工。顾春花在跟随父母来城里读书前，住在重庆一个偏僻的山区里。顾春花7岁时，本应和同龄孩子一样按时入学读一年级的，但是，即便是去离顾春花家最近的小学，顾春花也得走上四十分钟。父母心疼顾春花，更怕年幼的女儿在崎岖的山路上出点什么意外，就没让顾春花读。这一耽搁就是3年。人家10岁的孩子都读四年级了，顾春花才开始读一年级。顾春花很珍惜来城里读书的机会，除了上厕所，顾春花都待在自己的座位上，看书，做作业，一副很稳重的大姐姐样儿。不过，在强手如林的这所省重点高中里，顾春花再用功，成绩也只能勉强排到中游。顾春花的父母望女成凤，每日里，只要顾春花在家，父母连说话都不敢大声。精通木工活的爸爸竟然给电视机量身定做了一只漂亮的木箱子，将电视机锁了进去。王小棉告诉我说，昨天中午，顾春花忽然一个人跑到了教学楼的楼顶上，又哭又喊。大家正担心着呢，顾春花却又若无其事地回到了教室。

王小棉说，越是临近高考，好像大家越不正常。丹妮6月1日和她爸妈闹了一场。她要过儿童节！她爸妈说一个月前我们才参加了你的18周岁成人典礼，你都是一个成年人了，过什么儿童节？这不胡闹嘛！丹妮不管，继续闹。最后她爸妈掏钱给她买了个儿童节的礼物才偃旗息鼓了。还有那个名叫闻霆的男生，这些天一看到老师发试卷给我们做，马上就干呕。是真的干呕。唉，真不知道大家这是怎么了！

我很庆幸王小棉一切如常。高考前一个月，孩子们面临的压力特别大，所以，他们特别敏感，也特别脆弱。这种敏感与脆弱，却有可能表现为特别任性、特别彪悍。对于孩子来说，大战之前的这一个月，可谓是一段特殊的“瓷器时光”。

在这段时间里，老师和家长对孩子要格外地关注与包容。作为老师，此时，不能打击孩子的自信心，应以表扬和鼓励为主。要极力避免与孩子发生正面冲突。作为家长，更是责无旁贷，要确保孩子能有一个温馨和谐的家庭环境。如果夫妻间出现矛盾与冲突，实在要吵架时，也要尽量避开孩子，更不要将离婚二字挂在嘴上。另外，父母不要人为地制造紧张气氛，要进行自我调节。人的情绪是有传染性的，紧张的父母，如何能做到让孩子轻松迎战？

根据J·维尔的学说，一旦不安全感渗入人们的生活，将会破坏个人的生活，还会破坏自我价值与自尊，会产生让人无法忍受的恐惧、焦虑、无望与无力。成人尚且如此，更何况一个即将在一个月后走上高考考场的孩子呢？

8. 和孩子谈谈性

和孩子谈谈性，这是每个家长都必须直面的一个课题。在学校的性教育还比较欠缺的现状下，家长的这一课，显得尤为重要。有的家长认为，“我小的时候，爸爸妈妈也没和我谈过性，我还不是健健康康的就过来了?”这种想法，显然是不对的。如今的孩子，生活在一个高度发达的时代，电视，网络，影视，多种因素共同催生了孩子的性早熟。如果家长不能未雨绸缪，给孩子上好这一课，极有可能会对孩子的身心造成一定的伤害。

如何与孩子“谈谈性”，家长们仁者见仁、智者见智，我也摸着石头过河，进行了一些有益的尝试。

首先，作为家长，要率先走出谈性而色变的认识上的误区。

和青春期的孩子谈谈性，不少家长感到“羞于启齿，开不了口”，有时好不容易鼓足勇气了，孩子却又“感到难为情，扭头就走”。出现这些现象的原因，其实还是因为我们的家庭与学校对性教育的重要性的认识不到位，讳莫如深，导致家长和孩子将性看得太过于神秘。所以，要和孩子谈谈性，家长自己不先将心态摆正是不行的。要将性教育当成孩子必须接受的一门科学知识来对待。要让孩子知道，性并不可怕，谈性并不羞耻，能让孩子坦然接受自己生理上出现的新变化。

记得王小棉14岁那年，一直扭扭捏捏地躲在卫生间里不肯出来，我心知肚明，返身拿来早就准备好的一盒巧克力，递到王小棉的手里，并且郑重地说："恭喜你，宝贝，你长大了。每个女孩都会迎来生命中美好的这一天，咱们今天一定要好好地庆祝一下。"王小棉惊慌失措的表情消失了，代之以一种喜悦。

后来有段时间，王小棉走路的时候，出现了含胸和弓腰的现象。我用手机从不同的角度拍下了这一难看的走姿，再和王小棉一起观看T型台上模特们的走秀视频，让王小棉进行对比。然后，我说："女孩子进入青春期，出现第二性征，这也是一件非常正常非常美好的事情。没有什么难为情的。一个富有青春朝气的女孩子，就应该很自豪地挺胸抬头去走路，这样才能培养出优雅的外部气质。相反，长期含胸弓腰，不但影响体形，还会带来自卑、怯懦等不良心理。"王小棉愉快地接受了我的建议，努力改正往日的不雅走姿。如今的王小棉，怎么看怎么像一棵笔直的小白杨。

其次，在方式方法上，要从实际出发，因时因地而宜。

我有个医生朋友，她采取的方式是开门见山。对孩子提出的"我是怎么来的"这个通常让家长们感到难以回答的问题，并没有采取类似于"你是从妈妈的胳肢窝里生出来的"的回答，而是从医学的角度，给孩子解释精子与卵子的形成与相遇，胚胎的发育与成长，并和孩子一起观看母亲的生育过程。

而我所采取的方式是和王小棉一起到书店去买相关的书籍。买回来之后，两个人一起研读与讨论。我发现，王小棉在阅读到我们中学时连老师都跳过去不讲的内容时，丝毫没有我想象中的脸红心跳不好意思什么的，而是就和接受其他的科普知识一样，认真且严肃。

我的另一个朋友，所采取的方式则是与孩子在QQ上进行交流。孩子问，他们两人答。面对面谈性，并不是所有的家庭都能做到的。所以，利用QQ，或通过书信，都是不错的选择。

如果不好意思面对面交流，又不习惯使用QQ或书信，那么，还有一种方法，也是可以一试的，那就是借助于新闻说事。比如，可以借近期不断被曝光的小学校园性侵案，明确告诉孩子，一个人的身体，是不能随意让别人触摸的，尤其是短裤和背心遮掩的部位。否则，一定要大声喊叫，并及时告诉爸爸、妈妈。不能帮坏人保守“秘密”。

再次，可以传授孩子一些必要的“防身术”。

我有个朋友，在孩子还在读小学的时候，就带着孩子去练跆拳道。当然，练跆拳道的主要目的是强身健体。朋友说，有一次孩子乘公交，遭遇公交黑手，孩子迅即作出反应，只一招，就将那人收拾得鬼哭狼嚎。

当然，不是每个孩子都有这样的身手，如果在公共场合遭遇性骚扰，要告诉孩子，可以大声叫喊，让那猥琐之徒无处遁形。也可以智斗，让那猥琐之徒知难而退。切不可忍气吞声，那只会让猥琐之徒更加猖獗。

我没带王小棉练过跆拳道或其他什么女子防身术之类的，但我一直教育王小棉，一个女孩子，最好的“防身术”是要有自我保护的意识。所以，不可以穿透而露的上衣，不可以穿超短的裙子，不可以留怪异的发型。最重要的是，言行举止一定要端庄得体，合乎规范，这才是一个女孩子的最好的防身术。

最后，还要帮助孩子树立正确的恋爱观。

我是不赞成孩子过早涉足恋爱的。中学生各方面毕竟还不成熟，自控力不强，处理不当，容易带来一系列问题。高中三年，王小棉自然也有过“喜欢上一个男生了”的心路历程，我首先肯定青春期出现对异性的好感，同样也是一件美好的事，然后，我告诉王小棉，不要在春天收割秋天，更不要因为眼前的一棵小树而错过了前方的大片森林。

在王小棉即将成为一名大学生的今天，我则对王小棉说：“在未来的某一天，你一定会遇到那个让你心动的人，会轰轰烈烈地谈一场恋爱，恋爱是人世间最美好的一种感情，所以，不管什么时候，都要对对方负责。千万别做出既伤害对方又伤害自己的事情。”

我想，自诩对我了若指掌的王小棉，该听懂我的弦外之音了吧？

9. 给你一个流动的家

熟悉徐根根的人，都知道徐根根的家，有三四个。

徐根根的第一个家，是福利院。据福利院里资格最老的那些人说，徐根根的亲爹是个有钱人，有家有室，亲妈则是一个未婚的打工妹。故事很复杂，单是福利院里的版本，就有好几种。但结局只有一个，那就是亲爹与亲妈都不肯要徐根根，徐根根就在福利院里度过了人生中最初的五年。

五岁后，徐根根有了第二个家。爸爸姓徐，不苟言笑。妈妈姓房，温婉娇小。这是个教师之家。

徐根根 18 岁生日那天，爸爸、妈妈在酒店里订了一桌菜，准备喊上爷爷、奶奶，一起为徐根根举办成人礼。放学后，徐根根背着书包刚刚走进酒店的大堂，就听到有人惊叫了一声，随后走出一个身材高挑的漂亮女人。徐根根发现，那女人的眉眼间，有着一种自己说不清的亲近感。女人跟着徐根根进了包厢。从此，徐根根就有了第三个家，一个房子很大却盛满了寂寞的地方。

徐根根是我的邻居，我就住在徐根根的第二个家的对门。因为徐根根与王小棉同龄，两个孩子小学读一个班，初中还是一个班。上学放学同进同出，所以，我们两家的关系，就格外亲近些。

进入高考年，我发现，徐根根好像有段时间没在楼道里出出进进了，觉得奇怪，有一次遇到徐老师夫妇的时候，一打听，徐老师说，根根这段时间住在他爷爷、奶奶那儿呢。孩子临近高考，压力大，说住到爷爷、奶奶那儿，隔代亲，相对轻松些，复习的效率可能要比在自己家高些。我们呢，就两头跑。下班后，先去他爷爷、奶奶那儿，陪他们一起吃完饭我们俩再回来。我不解地问，"为什么你们不一起住到那儿呢，遇到刮风下雨的坏天气，多不方便?"徐老师的爱人房老师就笑眯眯地看徐老师一眼，说，"他呀，见了根根也没个笑脸，估计根根就是烦他哩。我们吃点苦没什么"。

有一次好不容易看到徐根根了，问徐根根，他却说："减轻点压力，这仅是其中一个因素。主要是看爷爷、奶奶年龄大了，住过去，可以陪他们说说话尽尽孝心。你是不知道我爷爷、奶奶哟，两个人过日子图省事，有时连菜也不出去买。我住过去之后，好了！他们天天乐呵呵地去菜市场，买啊烧啊从早到晚忙得不亦乐乎。我爷爷说我奶奶过去一天说不上十句话，现在连走路都哼着黄梅小调，我奶奶则说我爷爷过去一整天就知道捧着书看，现在腿脚起码年轻了十岁。我知道，被需要，对老年人来说，是一种幸福呢。所以，我每隔一个礼拜总是要去爷爷、奶奶家住住，给他们添加点甜蜜的麻烦。"

再次遇到徐根根的爸爸、妈妈的时候，我不禁由衷地夸赞起根根这孩子真是越来越懂事了。却见房老师红了眼，说："是啊，这孩子，是太懂事了。"徐老师不好意思地拉拉房老师的衣角，然后告诉我们，其实，根根每个月除了要去爷爷、奶奶家住一阵子，还要到小石家住两到三天。

小石，我自然是知道的。就是那个当年生下根根后将根根抛在福利院的小姑娘。我不无担心地问徐老师夫妇："你们不担心根根认了小石，会扔下你们?"徐老师夫妇都很肯定地摇摇头。徐老师说："根根这孩子我们懂。他连当初小石对他的遗弃之恨都可以放下，他又怎么会放得下我们夫妇俩对他 13 年的养育之恩?"

我说："这倒是。只是苦了你们俩了，别人家孩子读高三，父母都是寸步不离贴身侍卫般紧跟着，你们俩倒好，提前进入'空巢'状态了。"

房老师的眼圈又红了红，强笑着说，"是啊，一开始还真不习惯。不过，想想几个月后根根总要离开家去读大学，'空巢'是早晚的事，提前适应也好。

再说了，小石也是个可怜人。这么多年一直没结婚，一个人过，苦哇。根根毕竟是她身上掉下来的肉。每个月陪她住上几天也在情理之中。说了你也许不信，想想我还觉得欣慰呢。这么多年了，我们俩都一直教育根根要有爱心，要懂得感恩，要懂得为他人着想，孩子现在这样安排自己的生活，不正是在践行我们对他的道德要求吗？”

徐老师接着说，“我们也知道，在一些人的眼里，我们俩有点傻得可笑，怎么竟会在孩子的高考年，给孩子这样的流动的家。可我们俩想，我们当初将根根从福利院抱回来，就没将根根当成自己的私有财产。相反，我们鼓励根根去爱身边的每一个人，我们坚信，我们俩没做错。你是知道的，这13年来，我每个月都让根根抽时间去福利院一趟，去为福利院的孩子们做点力所能及的事，有朋友曾经质疑我的做法，劝我，说我这样做会让孩子一辈子摆脱不了被遗弃的阴影。可是，他们哪里知道，根根每次从福利院做完义工回来，是多么的快乐？一个能给别人送去快乐的人，他自己又怎么会不快乐呢？”

联想起身边的一些家长，在孩子的高考年里，做出的是一切都为高考让路的选择，我不禁对徐老师夫妇俩肃然起敬。如果一个孩子，会去主动怜爱和尊重周围的每一个生命，会尽自己的所能去报答这个给了他生命与幸福的社会，心中有此大爱，他又怎么可能不爱他自己，不爱最爱他的父母呢？他又怎么可能对自己不负责任，不善待自己的高考年呢？徐老师夫妇尊重孩子的选择，以一颗平常心陪孩子度过高考年，不给孩子增加人为的心理压力，不仅培养了孩子的爱心与责任心，而且还激发了孩子的学习热情，对他以后的成长更是大有益处。徐老师夫妇的选择，确实令人赞许。

10. 墙上的“天道酬勤”

博友一笑的儿子去年考上了清华，引得一干人等羡慕不已。更让众人羡慕的是，一笑夫妇俩，住在市里，而儿子韩晓，却是远离了家，到一笑的老家所在地的县中去读的高三。所以，一笑在我们向她讨教经验的时候，很诚实地说，我对儿子很愧疚，因为我基本上没为他操过一点心。

对一笑这样的回答，大家自然是不甘心的。父母不操一点心，孩子能考上清华？于是，一有时间，我就泡在一笑的博客里，我相信，我总能挖掘到一些一笑成功培养出如此优秀的儿子的原因。哪怕只挖掘出一点，也能让家有高考生的我们从中受益啊。

一笑不是个很勤快的人，和儿子有关的家教心得方面的博文并不多。我就像一个心思缜密的侦探，将一笑的博文进行过一番精心研究与拼接之后，终于发现了韩晓成功踹开清华大门的重要原因之一——

那张贴在韩晓床头的“天道酬勤”！

字是一笑的先生韩刚写的。一笑的先生韩刚，如果套用一句流行语，当是个“励志爸”。韩刚天资聪颖，从一个只有几间破平房的小学里考到了县城的初中，又考上了县城最好的高中。可惜高二时迷恋上了篮球，没能考上大学。为了能追上本科生一笑，缩短与一笑之间的差距，韩刚利用业余时间，不断充电，先后拿下大专文凭、本科文凭，后来又攻下了工商管理硕士MBA。他事业上也从一个公司的保安起步，从普通销售员干到公司的中层，累积了人脉与资金后，再自己跳出来单干，慢慢地成为了一家有一定规模的公司的总裁。韩刚有两句座右铭，一是不怕起点低，就怕心气低。还有一句，就是后来送给儿子韩晓的那四个字——天道酬勤。平心而论，这四个字写得并不好，但韩刚爱惜得很，精心装裱后，挂在自己的书房里。在韩刚看来，那字里的每一笔每一画，都抒写着他的奋斗史。

儿子高中读的那所学校，就是一笑和韩刚当年的母校。百年老校，文化底蕴深厚，师资力量也非常强大。儿子离家去报名那天，收拾行李，吃的穿的，能简则简，提出的唯一的要求是要将书房里的那张“天道酬勤”带走。为了方便携带，韩刚和一笑两人将木框拆了，将字卷了，到那儿后又帮儿子平平展展地张贴在了集体宿舍的床头。

后来，围绕着这张“天道酬勤”所发生的故事，是一笑和韩刚零零星星从儿子的室友以及班主任那知道的。

刚离开爸爸、妈妈那阵子，韩晓很不适应。县区的封闭式教学，其强度之大，远远超出了韩晓的想象。每天早上6点前，起床的铃声还没响呢，韩晓的室友中，就有人窸窸窣窣地摸黑洗漱，然后拿着书去楼下找个地儿，借微弱的晨光背诵课文去了。晚上，吃完晚饭之后，学生们必须全部回到教室，上晚自修。有时自习，有时上课，但都有老师全程陪同。下了晚自修之后，回寝室，忙完杂事，统一熄灯了，还有学生认为时间还早，拧开手电筒，继续在床上看书。从没经过如此高强度训练的韩晓开始对选择来县区读书产生了悔意。这种感情，自然就流露到了周记之中。班主任在批阅了韩晓的周记之后，给了韩晓四个字的评语，真巧，——也是“天道酬勤”。

高二了，韩晓的个儿，开始猛窜，被学校篮球队给看上了。韩晓很快喜欢上了篮球。学校篮球队经常有比赛任务，有时还要出去打校际比赛，这多少影响了韩晓的学习。而已经适应了县区封闭式教学的韩晓，对自己每天的学习，是有着严密的计划的。有一次，韩晓因故未能完成当天规定的学习任务，熄灯之后，竟罚自己对着床头那张“天道酬勤”跪了10分钟。第二天，韩晓的这一

“虐己”行为很快就在班上传开了。后来，班主任还特地开了一堂班会，来讨论这件事。韩晓在发言的时候，很铿锵地说——我跪下的是肉体，反思的是灵魂。学习上，我绝不允许自己偷懒。偷懒带来的，仅仅是暂时的肉体上的愉悦。可是，因为偷懒而带来的灵魂的炙烤，却是一种煎熬。我对着“天道酬勤”跪下的时候，我发誓，我很虔诚。当我重新站立在它的面前，我获得的是心灵的愉悦。所以，何来“虐己”之说？

高三很快就来了。随着韩晓寝室的变换，那幅字也出现在不同的床头。当有一日韩晓发现纸质有些发黄发脆的时候，就默默地将字从墙上取下来，收进了自己的储物箱里。室友们说，继续挂吧，我们这些年可也是从你爸爸的这幅字里汲取了不少力量呢。韩晓摆摆手，说：“这幅字的每一笔每一画，已经如刀刻一般，镌刻在我的心底了。我将它收藏起来，不是表示我不再需要它的激励了，而是它已经融进了我的血肉之中，成了我的灵魂的一部分，与我浑然一体了。”

你可以想象，高三学生韩晓是以怎样的一种精神状态迎接着他人生之中的那场重要的战役了。你还可以想象一下，当酷夏七月，韩晓将清华大学的录取通知书和那幅发黄的“天道酬勤”用双手捧给父母的时候，他们会是怎样的反应？

反正，我的眼睛是湿润了。

不少父母在孩子的高考年选择了放开一切事务陪读，可是，什么样的陪读才是真正的相陪？有些父母天天守在孩子身边，却未必真能起到助跑与激励的作用，有时反倒给孩子人为增添了压力；有些父母虽然不在身边嘘寒问暖，但其言传身教却早已深深印在孩子心里，那样的陪伴才是真正的最到位和最贴心的陪伴，那样的环境才是给孩子的最好的成长环境。

11．你必须向我的孩子道歉，亲爱的老师

孩子和老师之间发生了矛盾，怎么办？如果矛盾还是发生在高考前的一个月，又该怎么办？这个难题，还就真的发生在了男孩莫克的身上。

那天，莫克和几个男生一起上厕所，其中有个男生说，舒老师真可笑，每年都变着法子给我们弄顶帽子戴，什么“最富有领导能力的人”啦，“最有爱心的人”啦，这倒也罢了，你们说我上学期评到手的那是顶什么样的帽子啊，什么叫“最有上升空间的人”？不就是变相批评我不认真不刻苦嘛。我说我们是不是也给舒老师他们评个最什么的帽子？莫克附和道，好主意啊。舒老师么，脾气那么怪，帽子么，现成的，评个“最……”啊！还没等莫克说完，一阵腹痛袭来，莫克就将“最”后面的词给咽了回去。等到从厕所里出来，莫克吐了吐舌头，好险啊，舒老师脸色铁青，也刚从隔壁的女厕所里出来！

问题是，隔墙有耳的舒老师认定了莫克是将那句话讲全了的。而且，她没能听清的那个关键词，一定不是褒义的。舒老师曾多次盘问当时与莫克一起蹲坑的同学，都说没印象。越是问不出来，舒老师心里越是堵得慌。“一日为师，终身为父”啊，这个学生，怎么能这么不尊重老师?！有了这先入为主的想法，再看莫克时，走路的肩膀是斜着的，嘴里的牙齿是歪着的，反正就是越看越不耐看。

莫克曾傻乎乎地跑过去找舒老师："舒老师您是不是对我有看法啊？我的作业，您这段时间怎么都是只给我一个'阅'字呢?"舒老师冷冷地看莫克一眼，说："你自己好好反思吧。"

反思不出任何结果的莫克就将自己的烦恼和妈妈说了。妈妈感到事态严重，事不宜迟，第二天一早就赶到学校与舒老师进行沟通。舒老师将莫克不尊师的事说了。莫克妈妈很诚恳地代儿子道了歉，说孩子有些任性，老师这段时间对他的忽略，已经让孩子得到了教训，我回去后一定督促孩子改正错误。舒老师呢，将胸中块垒吐出后，也感到自己做得过分了些，说今后自己也定要心胸宽广些，多加呵护孩子的敏感的内心世界。

事情本来就可以到此结束了，可是，隔了一个礼拜，莫克的作业中，出现了一个"令人无法容忍的低级错误"，舒老师不点名批评道："这种错误，是脑子里生了冻疮的、眼睛被屁打瞎了的人才会犯的错误。"莫克听着刺耳，终于按捺不住，站了起来，抗议道："舒老师，您怎么能侮辱我的人格呢!"舒老师愣了愣，反问道："我说错了吗？你自己去查看查看，如果有第二个人犯了和你同样的错误，那么我将我刚才所说的话收回来。"莫克梗着脖子说："不管是不是只有我犯了这个错，您都不能当众侮辱我，"莫克停顿了一下，然后补充了一句："您应该当众向我道歉。"

舒老师扭身去了办公室。

回家后，莫克气呼呼地将书包一扔，对妈妈说，如果舒老师不当众向我道歉的话，我会罢课进行抗议。

转眼就要高考了啊，这个时候怎么又弄出这种事情呢？莫克的妈妈就劝儿子说，舒老师也是关心你，她要是还像前一阵子那样故意"屏蔽"你当你是"空气"，她根本就不会在意你的作业出了什么错。舒老师的话是重了点，但是，响鼓也须重锤敲，总之，她是希望你能记住这个错以后不要再犯，咱们要学会宽容。老师也不是圣人。妈妈有时气急了不也没轻没重地骂过你？咱们要学会换位思考。你试着站在舒老师的角度来思考这件事，都快高考了，你的学生，连最最基础的题都做错，你急不急？你会怎么处理？

莫克说，可是这次不一样。上次是误会，误会是可以消除的。这次我觉得我的人格尊严受到了侮辱。不能因为她是老师，所以就可以纵容她随意侮辱学生的人格。作为学生，我也有权利和义务指出老师所犯的错误并要求老师改正这一错误。我不想让我以“脑子里生了冻疮、眼睛被屁打瞎了”的形象留在同学的记忆里，同样，我也不想让舒老师以一种不尊重学生的人格尊严的形象铭刻在我的记忆里。所以，我坚决要求舒老师当众向我道歉。这对我、对她，都很重要。其实乃是一种双赢。妈妈你必须支持我。

莫克妈妈觉得儿子虽然过于敏感与自尊了点，但又不能不承认，儿子说得还真的在理。大局为重，这个时候，可不能任着儿子和老师继续发生正面的冲突。儿子急需要帮助，而能够在儿子和老师之间充当沟通的桥梁的，舍她其谁？莫克妈妈义无反顾地找到舒老师，诉说了儿子在听到舒老师的那句批评之后的内心的真实感受，并且将儿子要求舒老师“当众道歉”的双重考虑坦然告知了舒老师。舒老师受到了触动，带着莫克母子回到教室，对大家说：“我真诚地向莫克同学道歉，我也真诚地向过去曾经被我用类似的语言批评过的同学道歉。我将努力改正这一不好的语言习惯。不过，我也以一个老师的名义发誓，我从来没有过今后也绝对不会有侮辱我的学生的主观动机。”

事情过后，莫克妈妈担心地问儿子：“舒老师能做到这样，真不简单。儿子，你能将这件事放下，不让它影响你的高考吗？”莫克说：“当然！妈妈，如果我的合法权益受到了侵犯，作为我的监护人，你选择的不是和我并肩作战；作为我的老师，舒老师选择的不是消除不良影响，那么，你们将会对我造成双重伤害，那才不仅会影响高考，而且还会影响我的一生！”

12. 社会是个大舞台

王小棉捧回一只张贴着红十字标识的捐款箱，对我说：“妈妈，我需要你的支持。希望你不要阻止我。因为我要做的，是一件有意义的事。”

在王小棉所在的高三（16）班的隔壁，有一个只有四十余人的西藏班。西藏班上有个叫嘎玛丹增的学生，被检查出患有骨肉瘤，必须立刻实施截肢手术。嘎玛丹增的父亲早逝，年近六旬的母亲靠放牧抚养嘎玛丹增姐弟 5 人。40 万元的手术费用，对于嘎玛丹增一家来说，无异于天文数字。学校发起了“用爱守护生命之光”的爱心大接力，王小棉班上的同学们也积极行动起来，除了捐出自己的零花钱外，还由班主任将全班同学分成了五个小组，每组 10 人，分赴各个社区、居民点和市民广场为嘎玛丹增募捐。

王小棉主动请缨，担任第三小分队的小队长。很遗憾，有 7 个组员陆陆续续打了退堂鼓：活动时间与补课时间相冲突；爸爸、妈妈不让，说我们多捐点钱便是了；感觉自己没那个能力为嘎玛丹增捐来善款……

既然是这么一件有意义的事，我怎么会加以阻止？非但不阻止，我还主动要求加入，作为他们的编外人员，与他们共同参加这次募捐。

周六一大早，王小棉换上校服，我开车，负责帮王小棉“押运”捐款箱，两人抵达目的地梨园小区时，其他两个小组成员宋同学和林同学已经到齐。王小棉将捐款箱交给宋同学，和林同学转身去了小区传达室，借来一张桌子几把椅子，搬到小区大门右侧，将捐款箱放在桌子上，三人往桌子后面一坐，捐款行动开始了。

一开始，事情并不顺利。有人熟视无睹，连看也不看一眼就走过去了。有人倒是在捐款箱前停下了脚步，听王小棉她们解说捐款事由，一边听，一边却发出质疑："真的假的啊？"王小棉他们索性将三人的学生证一字摆开在捐款箱旁，但还是没人捐款。

王小棉将宋同学和林同学召集起来，一番商讨过后，决定放弃守株待兔式的方式，改为主动出击。

宋同学捧着捐款箱，先打头阵，来到紧靠小区大门右侧的水果店："老板，请您献上一片爱心，帮帮南通中学患重症的藏族同胞嘎玛丹增同学吧！"没想到，卖水果的汉子阴阳怪气地说："我也是刚下岗再就业的工人，我也需要社会的帮助，要不，你们先帮帮我吧？"宋同学气得说不出话来，气呼呼地将捐款箱捧回来："难怪生意清淡！因为薄情寡义，因为从里到外释放的都是负能量！"王小棉拍拍宋同学的肩，说："万事开头难，别灰心，让我们俩来试试。"

迎面来了一对母子。王小棉笑盈盈地走过去，夸赞道："这个小朋友长得好可爱啊。上幼儿园了吧？"孩子妈妈说："中班啦。"林同学说："小朋友听说过南通中学没有呀？"小孩点点头，王小棉接着问："那小朋友你听说过西藏没有呀？"小孩又点点头。林同学叹口气，说："我们学校里呀，有个从西藏来我们南通读书的哥哥，得了很严重很严重的病，要截肢，需要好大好大一笔钱，我们帮帮这个哥哥好不好呀？"小孩就转过头去找妈妈："妈妈！咱们帮帮那个哥哥吧！"孩子的妈妈摸摸儿子的头，说："当然！在别人需要帮助的时候，我们要帮助别人，这样，以后，我们需要帮助的时候，别人才会也帮助我们！"孩子的妈妈从钱包里掏出了50块，投进了捐款箱。王小棉和林同学旗开得胜，那母子俩才离开视线，就忍不住冲着宋同学和我各打了个"V"的手势。

过一会，一群身着练功服的老人出现在小区大门口。王小棉嘴巴一呶，三个人迅速排成一队，拦在了老人们面前："爷爷、奶奶好，我们是南通中学的学生……请伸出您热情的双手，帮帮嘎玛丹增吧！"几个老人很遗憾地说，我们是出来晨练的，身上没带着钱。王小棉笑眯眯地说：“没关系的，有钱出钱，没钱出力，你们一看就是梨园小区里德高望重的人，一定拥有丰厚的人脉资源，只要你们帮我们宣传宣传，就是帮了嘎玛丹增同学的大忙啦！”

有了老人们的加盟，王小棉他们的局面，算是彻底打开了。捐款的人还真不少，王小棉他们登记善款、对捐款人致谢，忙得不亦乐乎。

看着面额不等的善款源源不断地投往捐款箱，王小棉她们心里乐开了花。那次捐款最多的是一个出租车司机。他将自己的全部营业款都捐了出来。负责记录捐款活动中的感人事迹的林同学追上前去采访，那司机只说了一句：“希望那孩子早日康复，更希望爱心传递，永不停息。”

和王小棉将捐款箱送归年级组的时候，有两个捐款小组也满载而归。年级主任一清点，高兴地对王小棉说：“虽然你们小组人数最少，但人均捐款所得却是三个小组中最多的！你们可真棒！”

王小棉将头往我肩上一靠，调皮地对年级主任说，没见我妈都出马了嘛。老将出马，一个顶俩呐。王小棉这一提醒，我才想起，我还没捐款呢，赶紧掏出钱包，问王小棉：“我将我一天的工资捐出来，成不？”王小棉说：“那是最起码的！”

我深深地为那几个阻拦自己的孩子参加这次活动的家长遗憾，他们错失了一次多好的锻炼和提高孩子的口头表达能力、人际交往能力和组织协调能力的机会啊。这样的机会，其实也是对孩子的一次爱的教育。孩子在这样的活动中学会爱，学会感恩，这些都是孩子成长过程中的宝贵财富。为孩子营造良好的成才环境，怎么能仅仅局限于家庭小环境呢，社会大舞台，才更历练人呀！

3

第三章　对干扰源，坚决说“不”

——打造孩子的坚韧人格

导读：大千世界，诱惑多多。高三不是真空，同样要经受八面来风的考验。面对纷至沓来的干扰源——出国潮、网络与电视、“低头族”与“手机控”、情感与交友、金钱、虚荣心、从众心理、性教育，你是否感到有些殚精竭虑？那么，如何才能引导孩子正确对待各种诱惑？有哪些好办法可以驱赶走这些“吸血蝙蝠”，和孩子一起披荆斩棘，开辟出一方一心一意搏杀高考的净土？相信只要方法得当，定能水来土掩，兵来将挡！

1. 马桶上的“坏小孩”

王小棉同学从小就养成了一个让人啼笑皆非的毛病，那就是除非情非得已，是坚决不在外面出恭的。我最怕接王小棉放晚学。若是碰上下雨，我更是怕上加怕。王小棉可不管路况如何糟糕，夹着屁股，不停地在副驾驶座上扭来扭去，看得我心慌意乱的。非但如此，王小棉还会用憋得变了形的声音催我：“开快点，开快点，再开快点，快 hold 不住了！”等到我的车一停，王小棉书包也不拎，车门甚至都来不及关严实，撒腿就往楼上跑。所以，每晚，王小棉回家后做的第一件事，就是和马桶亲密接触。

进入高三后的第一个月，我发现，王小棉呆在马桶上的时间由过去的三五分钟逐渐延长，有时竟会长达半个小时。我在外面催促王小棉加快速度的时候，她爸就会很不高兴：“你就知道催催催！你就不怕你越是催人家王小棉解决大事的难度越会加大啊？”王小棉积极地与她爸互动：“就是哎，还是我爸疼我！”

开初以为王小棉读了高三了，学习紧张了，运动量少了，便秘了，也就不忍心再催她。

第一次月考，王小棉成绩严重退步。一定出了什么问题了。问王小棉，王小棉很无辜地耸耸肩膀，说：“可能是进入高三之后都会出现的‘高原反应’吧？出现这种情况的，又不是我一个。”

我便安心等着王小棉逐渐适应。期中考试，王小棉的考试成绩仍然疲软。我慌了。如此下去，王小棉想去北京读大学的梦想，就会成为空想了！

观察王小棉，似乎没有什么很特别的迹象。和班主任一交流，班主任反映了一个情况，引起了我的注意：你们家王小棉上课时的状态不好，虽然还不至于趴下来睡觉，但整个人的状态是迷离的。是不是睡眠不足啊？你们得注意着点，帮她调整好。

睡眠不足？怎么会呢，王小棉很少超过 11 点半上床的。

谜底到底还是揭开了。

有一天，我急于到卫生间里找一样东西，捏着鼻子推开卫生间的门进去，这才发现，王小棉正不亦乐乎地安坐在马桶之上玩手机！

你不知道我有多震惊！

我不知道别的有高考生的家庭允许不允许孩子玩手机。我其实是允许的。每天，我都会将自己的手机交给王小棉，让王小棉看看新闻，偶尔也可以登录一下 QQ 和人人网，刷一刷微博，但不许在我的手机里下载游戏软件。当然，我允许王小棉玩手机是有附加条件的：第一，必须在每晚完成作业后。第二，每次只能玩 15 分钟。时间一到，马上将手机交还给我。

可是，现在，王小棉不在我们规定的时间段里，躲在马桶上上网！还有，这只可以上网的手机又是从哪儿来的？

矛盾一下子升级了。

我非常生气。生气的理由有：王小棉你不诚实，瞒着我们动用压岁钱买手机，违背了我们每天做完作业之后只玩 15 分钟的约定。还有，你在我们睡着之后，还在偷偷地继续玩手机！

所以，我理直气壮地伸出手去，要求这个马桶上的“坏小孩”交出手机。

结果可想而知，我和王小棉形成了互不相让的对峙局面。

最后，盛怒之下，我扑上前去，强行抢过手机，恶狠狠地摔在了卫生间里的瓷砖上。王小棉呢，心痛地看着地面上手机的残骸，哭着喊着说我是“法西斯”。然后，将自己关进了房门。那晚，饭没吃，澡没洗，作业没做。更严重的是，第二天，王小棉还拒绝去学校上课。我连班都不敢去上。这些年，社会上的负面消息太多。我担心我一离开家，王小棉会做出伤害自己的事情来。如果那样的话，我的天可就塌了。

王小棉赌气弃学了三天。我和她爸寸步不离地在家陪了她三天。

到了第四天，我们都有些冷静了下来。爸爸软声细语地在王小棉耳边给她分析每天无节制用手机上网会导致的后果。我呢，也真诚地就自己的“法西斯行径”向王小棉道了歉。王小棉也终于开了口，说，我用了三天的时间来思考，每晚偷偷地玩手机，确实既影响了我的睡眠也会影响到我第二天的听课效率。我想，为了实现我的北京梦，我可以尝试着来抵制这种诱惑。

我喜极而泣。

此后，王小棉甚至主动要求我取消她每天一刻钟的手机上网的权限。“事实上，每天15分钟，刚刚渐入佳境，马上却又要戛然而止，这是最让人抓心挠肺的。我之所以偷偷买手机偷偷上网，就是觉得15分钟难过瘾。与其在挂念中痛苦，还不如索性平日里不上，等到了周末，将平时累计的时间集中起来，一次玩个够。”

我说，可以考虑。

后来，我却发现，还不到一小时呢，王小棉就会将手机拿来还给我，说，没意思得很。我现在上网都找不到一个能说得上话的人。QQ头像，都是灰的。微博，大家似乎都是好久没更新了。我在“人人网”上的吐槽，半天了也没人回应。算了，我也不上了。别的同学能做到的，我想我也可以。这一个小时，我可以去弹弹琵琶，怡情养性，调节身心。

孩子受到种种诱惑，这在所难免。家长要做好充足的思想准备。在帮助孩子克服诱惑的时候，千万别情绪冲动，要冷静地进行沟通，寻求双方都能接受的方法与途径。如果孩子痴迷的程度比较深，不妨启发孩子联想一下后果。还可以采用专时专用的方法，帮助孩子制订学习计划，充实孩子的学习生活。此外，兴趣迁移也不失为一种好方法。比如，可以听听歌，看看书。转移孩子的注意力。

没有抵制不了的诱惑。就看你是不是有决心和毅力陪着孩子一起向干扰源作战了。

2. 心理医生，不是洪水猛兽

当高三男孩一凡听妈妈说要带他去看心理医生的时候，当即气炸了。这个家，真的连一分钟都待不下去了。以前不是这样的。自从两个月前爸爸走了之后，一切都变了模样。想到爸爸，一凡禁不住泪流满面。爸爸可是一个有着二十多年驾龄的老驾驶员啊，怎么会将车一头开进那辆该死的卡车下面去呢？

一凡是从爸爸离开那天开始怀疑一切的：妈妈会不会也在哪一天突然就从这个地球上消失？我如此辛辛苦苦地复习考大学，就像一只小蚂蚁，不辞劳苦地搬运着重物，可是，前面，会不会有一只未知的巨石将自己碾压得粉碎？命运多舛，我奋斗何用？

一凡开始自暴自弃。

从前那些被爸爸归为“不务正业，不可交”的哥们儿，重新出现在一凡家的楼下。与整日对着妈妈的愁眉苦脸相比，一凡觉得和这些哥们儿一起厮混的日子要惬意多了。

一凡在又一次考试全面挂红之后，先发制人，埋怨起了妈妈：“都是你，成天在我耳边哭哭哭！你能把爸爸哭回来？哭得我心烦意乱！哭得我没心思看书！哭得我成绩一塌糊涂！哭得我在同学面前都抬不起头！”妈妈气得直发抖，不禁骂道：“小畜生！你自己不学好，结交那帮损友，现在竟好意思将责任往我身上推!”一凡听到妈妈骂他“小畜生”，负气地说道：“你们俩不负责！爸爸两手一甩就走人，还选在我人生最重要的关口！高三！你呢，就知道哭哭哭！我如今变成这样，都是你们给害的!”

看到一凡的妈妈QQ签名里的“日子，生不如死”，我吃了一惊。三年前，我们家王小棉特别叛逆，变着花样地折腾，疲于应付的时候，我就去一些有名的育儿博客转，和一凡的妈妈就是在那时结识的。结识三年来，一凡妈妈没少给过我一些好的建议。如今，一凡妈妈在一凡的教育上遇到了难题，我自然也义不容辞，怎么着都得帮她一把。

也是机缘巧合，就在这时，我们学校从外地引进了一个心理学硕士，据说在心理疏导方面很有一套。我就劝说一凡妈妈带一凡到我们学校来找心理学硕士开开“方子”。一凡妈妈说，我也觉得一凡这孩子现在的心理出了点问题，但是，我担心他未必肯来。毕竟我们国家还不像西方国家那般开放，将看心理问题和看感冒一样看得平平常常。

果然，一凡在听到妈妈的意见之后，马上就有了过激的反应。

征得心理学硕士的同意后，我选择了一个一凡心情不错的晚上领着她来到了一凡家。当然，我们事先都没告诉一凡这位心理学硕士的身份。心理学硕士其实是个才走上工作岗位几年的漂亮小姑娘，和一凡一聊，两人竟格外投机，一凡毫不设防地对她如实吐露了自己的心思。一凡说，自己不能抵制种种诱惑总想溜出去玩的原因，看似是家庭变故带来的，其实这并不是最关键的，那么，最关键的是什么呢，应该是自己感到现在的学习很吃力吧？过去学习上遇到困难了可以找爸爸倾诉或求助，可现在，唉，所以，亚历山大。承受不住的时候，就特别想溜出去找那些哥们儿玩。心理学硕士问一凡，那么，每次和你的那帮哥们儿一起玩，回来之后，是不是感到压力小了点呢？一凡老老实实地说，他们都是家里给安排好了出路的人，和他们在一起的时候我是很放松，可是回来之后，我感到自己的压力更大了。就这样，压力越大越想玩，越玩压力越大，都恶性循环了。心理学硕士说，我有一个建议可以帮助你缓解心理压力，就是你得吃点苦，不知道你愿不愿意听？一凡毫不迟疑地说，当然愿意！

当一凡妈妈听到一凡要求双休日给自己安排老师补课的时候，真以为自己是在做梦。过去一凡妈妈也有过这样的建议，可是，一凡是听不进去的，一凡说，我可不想花我爸拿命换来的钱去填窟窿！所以，一凡妈妈完全有理由怀疑一凡现在提出这个要求是不是想借机逃离她的视线然后肆无忌惮地去与那帮哥们儿混。但事实上，一凡确实在努力了。心理学硕士和一凡一起拟定了近期目标，一凡觉得只要自己努力一下，还是能达到预期值的：先消灭不及格。一个月后的月考，当一凡得知自己学得最艰难的功课数学终于及格了的时候，一凡忍不住第一个将电话打给了心理学硕士。心理学硕士也非常开心，对一凡说，这才是开始呢，只要你坚持着做下去，咱们的目标，一定能一步步地达成！

一凡不再偏激了。妈妈沉浸于失去爸爸的痛苦之中不能自拔的时候，一凡会默默地陪着妈妈，帮妈妈擦掉泪，告诉妈妈说，别担心，你还有我！第一次模拟考试中，一凡的分数，已经超过了模拟二本线。这个结果，让一凡妈妈笑了哭，哭了又笑。更大的惊喜还在后头。今年的高考，一凡超过了一本线16分！16分啊，这对一凡这个功课曾经全面挂红的孩子来说，实在是太不容易了啊。

记得曾在网上看到一则资料，说心理学家曾统计出一个惊人的数字：在人群中，80%的人都在不同的年龄阶段存在不同程度的心理疾病、人格缺陷。的确，随着人们的生活压力和学习压力的加大，相应地会产生一些心理问题，求助心理咨询师的人也将越来越多。专家表示，心理咨询作为一种提供有效心理援助的专业活动，正成为现代社会的一个重要职业领域。所以，如果孩子受到内外因素的诸多干扰，出现了心理“感冒”，不妨鼓起勇气，勇敢地向心理咨询师求助，因为，心理医生，不是洪水猛兽！

3. 家有“追星族”

我们家王小棉追“星”。读初中时就追郭敬明，光小说买了一摞又一摞。前些天听说郭敬明导演的《小时代》公映了，想拖着我去看。我找了个借口，没跟着去凑热闹。其实借口是不用找的，因为郭敬明很明显不是我的菜。读高中的时候王小棉又开始追周杰伦。几乎周杰伦的每首歌，王小棉都能哼能唱。车载CD，几乎全是周杰伦的歌。就连我和她爸手机的接听音乐，也被王小棉设置成了周杰伦的《东风破》。

其实，追“星”本身倒也不是什么坏事。谁年轻时没追过“星”？我都已经出现初老症状了还追吴秀波和陈道明呢。只要追“星”不超过一定限度，不影响学习和工作，有何不可？

但这回，还真的不一样。

周杰伦到南通来了。周杰伦来不来南通原本和我并没有什么关系。因为，除了《青花瓷》《东风破》和《双节棍》，我几乎没喜欢过周杰伦的其他什么歌。然而，周杰伦来南通，和我的关系又大了去了。因为，人家王小棉同学狂热喜欢啊。更因为，周杰伦来南通的时间选得真不巧，王小棉要参加数学竞赛。当王小棉得知周杰伦来南通开“超时代演唱会”的时间与数学竞赛的时间相冲突的时候，王小棉纠结了。王小棉在纠结了一整个昼夜之后做出了选择：放弃数学竞赛，听周杰伦的演唱会去。

起初，我如何肯依？我给王小棉分析利弊，我说听周杰伦的音乐会的机会以后肯定还会有，但数学竞赛错过了就错过了。若是数学竞赛能拿到好的名次，以后就可以为自己考上一个好一些的大学做好铺垫，说不定还可以获得加分。为了周杰伦而错过这样的一次机遇，不值得。王小棉却有自己的逻辑。王小棉是这样力挺自己的：首先，参加数学竞赛能不能取得名次，以及将来能不能因为这次竞赛取得的名次而获取什么优惠条件，这些都是未知。而周杰伦的到来，却是实实在在的。如果错过了这次机遇，作为周杰伦的铁杆粉丝，那才是人生的一大遗憾。其次，如果我心不甘情不愿地去参加数学竞赛，我的心思也不在竞赛题上。所以，结果毫无悬念，我肯定拿不到你期待的名次。所以，你还是给我这次千载难逢的与周杰伦近距离接触的机会吧。我会感恩图报的哦。

不强行压制孩子追“星”，这是我一贯的原则。只要不影响学习，我基本上是不提倡也不反对。因为若是不管三七二十一加以反对，可能会引起孩子的逆反心理。我还有一个原则，那就是不当着孩子的面说孩子崇拜的偶像的坏话。一个人之所以能成为一方舞台上耀眼的星星，定有其过人之处。说孩子偶像的坏话，同样可能会引起孩子的逆反。所以，在可能的情况下，我还会陪王小棉一起阅读她喜欢的作家的书籍，一起去听她喜欢的歌星的演唱会，一起去看她喜欢的球星的比赛。当然，陪王小棉“一起疯”，我是有目的的——一起讨论：作为一个“追星族”，面对自己的偶像，应该从自己的偶像身上学到哪些值得学的东西？应该怎么去学？

权衡利弊之后，我决定陪王小棉去现场捧周杰伦。

当周杰伦终于出现在舞台中央的时候，王小棉一下子从座位上蹦起来，挥舞着荧光棒，开始随着人群尖叫。在粉丝们的尖叫声中，周杰伦开唱了。可怜我必须看着显示屏才能听懂周杰伦唱的什么歌吐的什么词。而王小棉呢，却如入仙境，周杰伦指向哪儿，王小棉的伴唱声就飞向哪儿。

回来的车上，王小棉就如同一团泥，瘫倒在车的后排座位上。但一回到家，王小棉就浑身来了劲儿，打开电脑，疯狂地下载和播放周杰伦的歌。

我和她爸耳朵里都是短舌头的周杰伦，我还好，毕竟经过了现场的演唱会的历练，她爸则痛苦万分地说，还是那句英国谚语说得好——一个人的美食，可能是另一个人的毒药。当然，这句话是不能让王小棉听见的。在王小棉的逻辑中，她喜欢的偶像，我们可以忽略，但绝对不可以鄙视。

看完演唱会回来，我们照例是要讨论一番的——

王小棉说，周杰伦帅。她爸说，周杰伦小眼睛。王小棉说，大眼睛无神。她爸说，周杰伦吐字不清。王小棉说，那叫风格，那叫范儿。王小棉说，周杰伦酷。她爸说，周杰伦就像个木头人一样的没表情。王小棉说，你倒是眉飞色舞，可有人捧你吗？周杰伦那叫个性。

我说，王小棉，难道你对周杰伦的喜爱，仅限于他的炫酷的外表？有没有更深层次的因素？

王小棉说，当然有。周杰伦才华横溢，词曲全包。周杰伦多才多艺，钢琴、吉他、提琴无不精通。周杰伦不囿于常规，善于创新。还有，周杰伦坚强，周杰伦孝顺……

我说，这就对了。看得出，你有自己正确的评判标准。这我们就放心了。也不枉我陪你去见了周杰伦这一回。

“星”们之所以能成为“星”，必有其过人之处。或胜在外表，或胜在内在。如果孩子仅仅着迷于他们光鲜的外表，则要引导孩子学会欣赏他们的坚强、对理想的执着追求、对慈善事业的热爱等人格魅力。如果孩子追“星”已经超过了一定的限度，作为家长，应及时加以教育和制止，否则，就会造成像女儿追“星”父亲跳海那样的追“星”悲剧了。只要家长引导得当，那么，“你追‘星’，我放心”也不是什么了不得的大事。

还有一个月，就是王小棉的18岁生日。我准备送王小棉一套东野圭吾的推理小说。东野圭吾可是王小棉世界里最新登台亮相的偶像级人物。王小棉为什么会成为东野圭吾的粉丝呢？因为我是东野圭吾的铁杆啊。

你瞧，家有俩“追星族”，不也挺乐乎？

4. 痘来痘往的青春

千痘万痘，于王小棉的粉脸之上，以强劲之势，无情盛开。王小棉呆立于镜前，大哭。

我不以为然地递上一叠洁面纸：“青春与痘，原本就是一对生死恋人，紧密贴合，难以拆分。没有痘的青春，那还能叫青春？当然了，离开了青春的痘，也不配叫痘，那叫疙瘩，叫囊肿。”王小棉狠狠地挖我一眼，说：“我得出去一趟了。”

再踏入家门，我发现王小棉的发型发生了很大的改变，额前披挂着一层厚厚的斜刘海，说这样能“遮丑”。说完，王小棉开始摆弄刚买回来的一整套灭痘工具：一把镀金的镊子，挤压痘痘用的。一盒卫生药棉，善后用的。三四只瓶瓶罐罐，是从屈臣氏等便利店里淘回来的，里面装着据说能杀死痘痘们的各式液体。当然，还有一只小镜子是必不可缺的，用来随时监控痘痘们长势的。

这些，倒也罢了。如果王小棉对脸上出现的痘痘大条到视若无睹的地步，我反而要担心这丫头是不是在高考的重压之下变成了一个连对美都缺乏必要的感应的书呆子了。问题是，王小棉似乎把对痘痘的关注，提高到了一级战备状态：翻几页书，就要看一眼小镜子；做几道题，就要掏出镊子挤一挤痘痘。睡觉前，那脸上，更是惨不忍睹——涂满了颜色可疑的棕褐色的药膏。

她爸劝她：“你可别成天挤啊挤啊的，当心弄出痘疤来，那可就要毁容了！”也许是毁容二字吓坏了王小棉，王小棉复又大哭不止。她爸负气道：“长几个痘痘，天塌不了！大家都在为高考奋战，你倒好，天天搬弄痘痘！奉劝你将心思放在学习上，否则，毁的可就不仅仅是容貌了！”

我赶紧将她爸从王小棉的身边赶走。毫无疑问，痘痘已经成了王小棉高考行进途中的一大干扰源了。是得好好重视这个问题，寻找解决的途径了。

先从思想上入手，让王小棉认识到痘痘的出现并不可怕。

我有个朋友，是个美丽知性的电台 DJ，名叫朝颜。王小棉非常喜欢朝颜主持的音乐台的节目。某个周六，我带王小棉去见朝颜。朝颜掀开王小棉的厚刘海，又让王小棉抚抚自己那弹指即破的几无瑕疵的面部，对王小棉说：“和你这般大的时候，我也是一脸的痘痘。别担心，长多少也没关系的，你看我现在的脸上，可看得到痘痘的痕迹？”王小棉将信将疑：“真不敢相信朝颜阿姨你这样的雪肌也是痘过来的！”朝颜笑着说：“多注意清水洁面。现在如果你问我怎么祛痘有效，我可能会说出很多。不过，那时候，我对付痘痘们的唯一法宝，就是清水洁面，加心情开朗。”

朝颜阿姨的话，王小棉自然是信的。从朝颜处回来，王小棉不再有事没事就对着镜子哭鼻子了。然而，痘来如山倒，痘去如抽丝，面对仍于额上龙盘虎踞的痘痘，王小棉终究还是“心情开朗”不起来。因为痘痘们的存在，王小棉说话都不大声了，眼神都不敢与人对视了，都恨不得出现弓腰驼背的自卑态势了。看来，光是精神疗法还不足以消除痘患。我便依了王小棉，陪她去医院。我们挂号、排队、候诊，用了几乎大半天的时间，才终于进了诊疗室，一看，医生自己也是个脸上长痘的小姑娘。王小棉当时就有点小崩溃了。果然，小姑娘用了不到 10 分钟的时间就将王小棉打发了：“哦，轻微的。弄点药膏涂涂，让痘痘和粉刺溶解就可以了。过段时间，自然就会消失的。”

医院很显然没有能让王小棉的一颗战痘的心消停。过段时间，王小棉要求我带她去我常去的那家美容院。美容院里有个女学徒珠珠，刚来的时候，不仅额头，就连两腮上都长满了颜色已经发黑了的痘痘。后来，珠珠脸上的痘痘先是颜色渐淡，后来竟日渐稀少。记得我曾问过珠珠，说是用了她们美容院里自制的一种中草药面膜，很是有效。王小棉听说美容院里竟藏有如此神奇的灵丹妙药，自然不肯放过。结果，听珠珠介绍说做这种治疗，必须每天坚持，并且每次起码要三个小时，王小棉自己打了退堂鼓——高考面前，痘痘让步！

为了能帮助王小棉战痘，我和她爸是有钱出钱有力出力。有一次，王小棉到我办公室来，我们办公室的Miss朱在查看了王小棉的痘痘之后，当即面授机宜："我女儿前一阵子比你脸上的痘痘还要多！可是，现在，基本上全消掉了！我们用的是食疗！就是每天早上自己磨豆浆喝！天天坚持喝，痘痘去无踪！"王小棉马上拿过我的手机打电话给她爸："你现在马上去买豆浆机，从明天起，我要每天喝豆浆！"没说的，从第二天开始，我们家的每个早晨，都是在豆浆机的轰鸣声中开始的。还有，另一个老师也贡献出了自己的战痘心经："每天晚上睡觉前挤点牙膏在痘上，第二天洗掉，几天就见效，祛痘不留痕哦。"从此，我们家的牙膏，三天两头就得换新的——人家王小棉脸上可是千痘万痘哇，需求量大！

也许，诸多的努力——精神安慰与物理治疗并举，医院与美容院同去，民间偏方与西药并重——终于有了效，王小棉额头上的痘痘终于是越来越少了。那个活泼好动的王小棉又回来了。终于回归了活泼好动的王小棉，捧着曾经买回来的一大堆的瓶瓶罐罐，叹息着说："早知道不花那么多的冤枉钱了！这些瓶瓶罐罐的，要不，我把它们无偿赠送给小姨家的叶子去？她也该开始加入战痘大军了吧？"

看来，我也得积极配合王小棉，将自己累积下来的陪丫头战痘的经验与教训一并赠送给我的妹妹一家了。

5. 恋爱不必猛于虎

发现一个很有趣的现象，那些在网上发出“高三了，孩子谈恋爱怎么办”求助帖的，几乎90%以上都是男生家长。

那么，女生家长们又是如何看待这个问题的呢？

在几个朋友的协助下，我在某校高三年级做了一份女生家长的抽样调查。调查结果显示，有60%以上的家长表示，他们对孩子高三谈恋爱持不赞成态度。其中，明确表示担心孩子“吃亏”的又占了半数以上。35%的家长表示不必将恋爱看成洪水猛兽，可以正确引导，坦然视之。只有5%的家长旗帜鲜明地表示赞同。

事后，与参加这次抽样调查的一个女生的爸爸闲聊，得知该女生才貌俱佳，打小身后就有一帮小男生相跟着。女孩进入高中之后，出落得更是高挑水灵，每天上学放学，都有男生前呼后拥。女孩爸爸生怕有个什么闪失，每天不管多忙，也要想方设法接送。发展到后来，女孩的爸爸甚至不允许女孩报名参加学校里的任何社团活动，想方设法隔断女孩与周围男孩接触的机会。我笑着对女孩的爸爸说：“你这样做有些小题大做了吧？你就不怕越是堵截，越是容易决堤？”女孩爸爸说：“没有办法。如果我生的是个男孩，或许我会更开明些。家有漂亮的女儿，是得多操很多心。我管不了那些围着我女儿转的男孩，但是，我至少可以帮我的女儿驱散那些狂蜂和浪蝶。”

调查问卷中，一个女孩的妈妈在“您有哪些解决这一问题的妙招”里是这样答的：“我开诚布公和我女儿谈了，女孩子要自爱，如果不听规劝，并因此造成一些严重的后果，那么，她就不配做我的女儿，我将与她断绝母女关系。”从这个班的班主任处了解到，女孩的妈妈是个女强人，无论是在社会上还是家庭里都非常强势。女孩读高二的时候，爸爸、妈妈离了婚，妈妈就是女孩唯一的依靠。女孩原本有个比较要好的男生，听到妈妈的“宣战书”之后，女孩就主动与男孩断绝了来往。

以两个家长为代表的恋爱反对派所填写的反对理由中，有两大共同因素，除了害怕“影响高考”外，对“发生性行为”的担忧，更是沉沉压在女生家长们心头的一块巨石。有个女生家长在反对理由栏里写了这样的一段文字：“一方面，我知道生硬阻拦违背天理人伦，但另一方面，作为一个女孩的母亲，我不得不扮演着一只张开着翅膀的母鸡的角色，给我的孩子最大程度的呵护。孩子太小，还不能理智地约束自己的恋爱行为。若因此对孩子造成身体的和精神的伤害，作为母亲，我将终身愧疚。所以，我宁愿成为无情无义的‘王母’，也要拔下发簪，在地上画一条银河。”

对孩子高三谈恋爱旗帜鲜明地表示赞同的家长中，有个做媒体的家长这样写道：“我也有过18岁。18岁的天空里，应该有恋爱的鸽哨。高考是18岁的主旋律，但若是背景音乐里，少了情歌的穿插，高考将成为一场彻头彻尾的苦旅。为什么不相信孩子会对自己和对方负责？为什么轻易断言孩子一定把持不住自己？只要引导得当，恋爱完全可以成为高考决战的擂鼓与号角！”就是这个家长，与孩子从小就保持着朋友式的平等关系，所以，孩子什么事都愿意跟她说，而她，也能在第一时间里用自己丰富的阅历与经验给孩子以实实在在的帮助。她的女儿曾经很难过地对她说：“妈妈，我太失败了。长到18岁了，居然都没有一个男孩子追求我。”她便与女儿一起分析原因。女儿说：“可能我大大咧咧，有点男孩性格？还有，是不是我不喜欢表现自己，遇到集体活动总是能躲则躲？嗯，要不就是我的食欲太好，长得胖了点？成绩嘛，又不怎么冒尖吧？”她哈哈大笑，说：“宝贝你没这么差劲的，是那些男孩子没眼光，发现不了你的好。意识到自己缺少魅力的原因了，咱们以后就在这方面多努力。我就不信丘比特之箭会忍心将我这么优秀的女儿忽略掉！”

最后，该说到我自己了。我怕不怕王小棉高三的时候谈恋爱？我的回答是不怕。王小棉早在五年级的时候就告诉我：“我同时喜欢上了两个男孩，真痛苦！”初中时，我问王小棉“还痛苦不痛苦”，王小棉回答说我都已经记不全那两个男孩的名字了！高一时，班主任提醒我说王小棉和班上一个男生关系密切，我一问，王小棉说那个男生没有爸爸，很可怜。我知道同情不是爱情，只放心地叮嘱了几句“关心应该，但须有度”，便再没啰唆半句。高二时，王小棉进了一个只有9个男生的文科班，一直以“无人入得我的眼”为憾。高三了，有没有状况？我看也是有的。比如，有个男生，在学校的贴吧里每天对王小棉高奏情歌，还从王小棉的空间里偷出几张照片贴到了贴吧里，公然宣称王小棉就是他心目中的“级花”与“女神”。我是怎么知道这些的？是王小棉当做笑料一样地告诉我的。你说，我还需要急吼吼地去严防死守去堵去截么？

其实，不管是男生家长还是女生家长，都不必将恋爱看得“猛于虎”。只要在平时的生活中，多和孩子平等地交流与沟通，注意减轻孩子的压力，即便孩子有了恋爱的迹象，也是可以因势利导，趋利避害，使其朝着不妨碍孩子高考的一方面发展的。如果孩子的逆反心理比较严重，那就更不能简单粗暴地横加干涉了，须知，堵不如疏。总之，恋爱不必猛于虎，唯有做好这个方面的思想准备，当孩子的恋爱来袭的时候，你才能做一个从容和优雅的高考家长。

6.“财女”，是这样炼成的

和朋友闲聊时，最让我肝颤的话题便是对方夸自己的孩子如何如何节约。我很是羞愧，王小棉但凡是手头有了几个“意外之财”，少则一天多则三五日，就给你花得白茫茫一片真干净，还每一笔都是“必须花的”——“衣服是必须要买的，长胖了，原先的穿不下了。鞋子是必需的，亏什么也不能亏了自己的脚。同学的生日礼物是必须要送的，人际关系很重要。文具之类的更不要说，贵点，用着舒坦。”

这让我很是担心——如此“败家”，万一哪日囊中羞涩了而又遇上“必须花的”，那可怎么办？这要是抵制不住金钱的诱惑，做出什么违法乱纪的事来，如何得了？

败家女如何才能华丽变身为“财女”？

只要肯动脑，方法还真有。

先是聘请王小棉担任我们家的家庭财务总监。这个是要冒点风险的。因为我们必须在月初的时候将工资全部“上交”给王小棉。我和她爸两个人的月收入好歹也是五位数，这要是被败家女拿出去一通乱花，那全家可就要全部沦为“月光族”，可就要喝西北风了！然而，不入虎穴，焉得虎子？豁出去了！王小棉见到厚厚的一叠现金，眼睛都笑得眯成了一条缝儿。我赶紧交给“财务总监”一本账簿：“你的职责是每天将家庭的收入与支出一笔笔记清。若是月底账目没有讹误，将获得一定数额的‘工资’。努力哦。”每天晚上，吃饭之前，王小棉将账簿往餐台上一铺，开始履行自己的职责了：“各位，报上账来！伙食开支多少？购买日用品的花费几何？水电煤气费交了没？人情往来有几笔？还有交通费与电话费？爷爷奶奶外公外婆的赡养费给了多少？还有网购款？唉哟我的妈，看起来每个月的工资总额挺多的，这花起来，哗哗哗如流水嘛。”我说：“可不是嘛。这还仅仅是日常开支呢。还不包括房贷和医疗费呢！”“财务总监”干到第10天的时候，开始敲打我们了：“有点超支啊，各位节约着点啊。”干到第20天的时候，开始皱眉头了：“咱们虽然不至于月月光，可这么花下来，将来还要供我读大学，还要赡养爷爷奶奶外公外婆，我想想都替你们担心！”干到第30天，舒了口气：“好歹还结余了两千多块！”我抽出几张给财务总监：“这是你的工资！咱们说好的。”“财务总监”迟疑了半晌，还是收下了。到了第二个月，“财务总监”再上岗的时候，我们发现，此人在忙完家庭财务记录外，又拖出自己的一本小账本来，探头一看，里面记载的，是属于她自己的小金库的每一笔钱的开支！不当家不知柴米贵，这一步，还真走对了！

然后，该轮到王小棉的外公出场了。外公退休前，是个业务很不错的会计。在我和王小棉她爸的计划中，外公是作为“外公银行”的“行长”的身份出现的。外公和王小棉神神秘秘地叨咕了半天之后，王小棉就高高兴兴地把手头的压岁钱奖学金之类的全部交给了外公。外公回去后，王小棉每隔一段时间就要给外公打电话，查问查问存在“外公银行”里的“本金”和“利息”。每次外公进城或王小棉下乡，外公总会用计算器或算盘给王小棉算一笔账。王小棉有时会从“外公银行”里支取一小笔钱买买文具，有时则会对外公说，这个月的利息我不要啦，你把它转到本金里吧。还有一回，我甚至听到王小棉对外公说，外公你不是老吹嘘自己炒股如何如何精通嘛，你给我取两千出来，赚的钱，我和你五五分成！——王小棉至今也不知道，我才是“外公银行”的幕后大老板，她从“外公银行”获得的利息以及所谓的炒股获得的红利，都是我事先预备好了交给外公的。“外公银行”的存在，让王小棉明白了，只要运用自己的智慧，那么，钱是还能够生出钱的。我想，等到王小棉他日去外地读大学，该不会再傻乎乎地将全部身家整日背在身上了吧？起码，学校附近有银行啊。

要成为一个“财女”，要节源，更要懂得开流。如何才能让自己的财富越来越多？我们鼓励王小棉“君子爱财，取之有道”，要凭借自己的勤劳与智慧去获取金钱。比如，高一时，我曾支持王小棉利用课余时间，积极参加南通市举办的“张謇杯·文博南通”讲解大赛，参加这种类型的比赛，既锻炼了能力，又赢得了600元的奖金，王小棉高兴地将之称为她人生中的“第一桶金”。高二时，我鼓励王小棉冲击学校的奖学金，虽然竞争异常激烈，但王小棉还是凭借自己出色的表现如愿获得了进步奖学金800元。我并不认为我的鼓励带有功利性，也并不担心我的孩子会因此而“拜金”，因为，我想让王小棉明白的是，只要肯付出，就会有回报。还有，只有花自己堂堂正正挣来的钱，才理直气壮。《北京遇上西雅图》里的文佳佳，走了多少的冤枉路才弄明白了这个道理？等以后读了大学，王小棉同样可以通过自己的勤奋努力，去获取学校的奖学金。或者，也可以利用课余时间，去做家教。再不行，还可以去餐馆里洗洗盘子嘛。

前几日，我瞒着王小棉到“外公银行”去查账，发现王小棉的“存款”竟已过万。回来后不小心说漏了嘴，取笑王小棉不该从一个极端走向另一个极端，做一个光存不用的守财奴，王小棉横我一眼，反教育我要勤俭节约未雨绸缪——以后用钱的地方多着呢，给需要帮助的人捐款啦，我自己的教育基金啦，还有，要是你和爸爸哪个失了业……

昔日败家女，真的华丽转身为“财女”了！

7. 那些素颜照

某日，同事张姐将她儿子发给她的一个链接转发给我，点开一看，顿时头皮一麻——是王小棉学校贴吧的地址，首页的第一个帖子，发的竟然都是王小棉的素颜照：有王小棉正在做鬼脸的，有睁着一双无辜的大眼睛装萌的，有披着一头乱发仰天长啸的，还有抱着膝盖埋头发呆的。我数了数，竟然有将近 20 张！帖子一路飘红，跟帖无数。

发照片的人，名叫田鼠。田鼠的主贴上，只有简单的几行字：我妹妹，漂亮吧？能当选为级花否？同意的顶啊！跟帖的内容自不消说，有同意的有反对的也有瞎起哄的。看得出，王小棉也穿了件马甲，参与了其中的讨论。仔细一看王小棉发帖的时间，我更是火冒三丈，有好几个时间，竟是在非周末的非休息时间！也就是说，王小棉对这个帖子的关注程度已经严重到了上学时都偷偷地用手机上网的地步了！

按捺住心中的不快与着急，与王小棉的一场谈话，在所难免。

“田鼠是谁？你什么时候成他的妹妹了？”

“初中时的同班同学。叫着玩呗。”

“哪儿弄来的你的这么多的照片？有没有得到你的许可？”

“从我的 QQ 空间转发过去的。”

“从你的跟帖来看，你非但不反对，反而很享受这种公然被人评头论足的感觉?”

“这有什么啊，素颜照而已。很多明星都在自己的微博里发的。求围观，是很正常的现代人的一种心态啊。”

“他们是公众人物，你一个普普通通的小女生，任由一个男生在网上滥发你的素颜照，这又是为什么?”

“弄点小名出出呗。”

“人怕出名猪怕壮，你想出名，原因和动机呢?”

“好玩呗。我觉得走在校园里每个人都冲着你喊一声‘嗨！级花妹妹！’是件很享受的事啊。还有更重要的一点，高三了，大家的压力多大啊，借这个帖子，大家缓解缓解压力，利人利己，不是也挺好的嘛。”

“利己？我看未必吧？为了这个帖子，你可没少花时间和精力吧？我看你和田鼠几次跟帖的时间，都很异常啊。要是连上课时都忙着‘刷屏灌水’，我看你可能真的要出名了。出的是不学无术不务正业的名！让田鼠删了这些照片吧！这些素颜照，只适合自己看看，哪能放到网上去给大家围观呢？一点隐私意识都没有。”

“你又老土了吧？这可是我下课的时候跑到我们老班的办公室，用老班的电脑跟的帖。我们老班还发帖支持我当选级花了呢。唉，你和我们老班同样身为老师，可你们之间的差别怎么就这么大啊。”

“你说的是真的？你们老班，真的也在这种帖子上跟帖起哄?”

“什么叫起哄啊，是力顶，好吧？我可告诉你哦，我们老班的空间里，也有她的不少素颜照呢。我们同学都可以进去浏览和评论的，我们都觉得很正常啊。”

“好好好。你说，这些年，在网上走红的那些人，这个姐那个哥这个叔那个婶的，你觉得，他们到底能有多少生命力？人们能将他们记多久？一个人是不是能在公众心里常驻，我想，学识、能力、自信、阳光、笑容、优雅甚至善良、勇敢、坚毅等等，这些内在的素质比起外貌来更重要吧?”

“这你放心，我会内外兼修的。你怎么竟将我和芙蓉姐姐们相提并论啊。看来每隔三年就有代沟的说法严重正确。我们的审美观和价值观太不一致了。你们这一代，就像契科夫笔下的别里科夫，恨不得将自己装在套子里。可我们不一样。这是一个个性张扬的年代！美好的东西，就是应该共享的。”

“真不删？”

“不删！又不是什么见不得人的照片，又没干什么见不得人的事，好端端的删了干什么！你不会以为这个帖子会一直飘红吧？不信我们打个赌，要是一个礼拜之后这个帖子还火着，我就让田鼠删了它。要是一个礼拜之后这个帖子早就下沉得连个影儿也不见了，删与不删可就一个样儿了是吧？”

也许，果然是我少见多怪了？便暂时按兵不动吧。期间，和张姐谈起这件事，张姐说，她和儿子的看法也有差异。张姐认为一个女孩子，无论是在哪个时代，都应以沉静内敛为美，也力主删帖。张姐读大一的儿子则认为沉静内敛固然是一种美，可阳光与热情也是一种美。我和张姐都苦笑不已——也许，我们这一代人，果然是跟不上时代的节拍了？

一个礼拜后，我再打开贴吧，果然，那个贴着王小棉的素颜照的帖子早就下沉到十多页之后了。孩子们有着太多的新的关注点——学校有个老师千里单骑游西藏啦；朗诵辩社要招新成员啦；某部学生自己拍的微电影求围观啦；征集同学周末一起玩漂移板啦……

我很庆幸自己没有强硬地要求王小棉去删除那个主题帖。

回想起来，对某些“干扰源”，我们做家长的，其实大可不必大惊小怪，可以找个机会，心平气和地和孩子平等沟通。在此过程中，有时你会发现，被说服和被教育的，未必就是孩子。有些时候，在孩子面前，我们也是受教者。所以，在和孩子发生观点的冲突时，要时刻提醒自己，不妨尝试着从孩子的角度看问题，并积极改变自己的态度。因为某些在我们眼里的“不正常”现象，可能恰恰是孩子眼里很正常的事情。面对这种种必然存在的差异，家长应该冷静思考，淡定处理。不一定非得很强势地一定要和孩子争个所谓的对与错。要相信自己的孩子，毕竟已经是高三的学生了，已经具备一定的明辨是非的能力，给他们时间，给他们信任，相信他们自己是能妥善处理好其中的关系的。

8. 复读深似海

高三第一学期，王小棉在接连两次考试成绩不理想的情况下，产生了复读的念头：“各门功课熟门熟路，成绩不断攀升，想考什么学校就考什么学校……”受这个想法的影响，王小棉冲劲锐减，状态持续低迷。复读，毫无疑问，已经成了王小棉给自己寻找的一条后路，成了王小棉消极逃避，拒绝走出困境的一个借口。

根据我对王小棉的了解，她只是暂时遭遇到了“瓶颈”，只要咬咬牙，一定能迈过这道坎。所以，无论如何，得把王小棉从复读梦中劝醒。

我关注了复读生 Honey 的微博。2012 年的高考中，Honey 的分数，只能上一个很次很次的三本院校。妈妈将两条路摆在 Honey 面前，要 Honey 选择：一是好歹选个大学，混；二是复读，从头再来。Honey 本不想读“高四”，无奈爸爸、妈妈的态度是明摆着的，妈妈说，我当年就是读了“高四”读“高五”，最后才终于考上重点大学的。如果不是当年咬牙复读，如今的我，就不可能是一个拥有一定社会地位的高校教师。你是准备再吃一年的苦，还是准备以后吃一辈子的苦，你自己掂量着办。

Honey 就成为了 T 中高三（14）班的一名插班生。

我将 Honey 一年的原创微博全部下载了下来，一页页打印好，摆放在王小棉的写字台上。

王小棉将微博一条条读了，并留下了反思性评论若干条。现摘录如下——

Honey 的相关微博：

“我选择逃避好不好！不要逼我做选择了好不好！我想逃离这个世界……或者，不要醒来。我真的哭够了。”

“唉，我赌一年还是不赌啊，不赌后悔啊，赌了有风险啊！”

王小棉的反思：“复读，情非得已的选择。我真的已经到了第一年考不上大学的地步了么？一两次考试的失利，就能将我轻易击倒么？”

Honey 的相关微博：

“老实说，除了几个还不错的同学，一个还不错的班主任，一套还不错的校服，每天能多睡半个多小时，其他的一切和我原来读的县中比，都是惨败，我真后悔我为什么没有珍惜以前的日子。”

“昨天想起高三（26）班，想起每一个人的绰号，就想起了在一起的日子，然后就假装哭给麻麻听。谁知道真的哭出了声。今天数学老师去县中听课，回来给我们讲，眼前突然闪过无数熟悉的场景。我就一个人在靠在墙边听，听着听着就哭了。”

“今天翘了体育课，他们都在忙着跳运动会开幕式的舞。没人喊我去。我知道，我们班的女生老鄙视我的。”

“这次居然和艺术生、物化、物生组合的人一个考场。不要对复读生虐心好不好！”

“体检，遇到好多老同学。原来走上复读这条不归路的不只我一个。收拾收拾心情，明天还要加油！”

“18 岁的成人礼。尴尬地坐在操场一角。偶 19 了！19 了！”

王小棉的反思：人群中，她是最孤独的那一个。昔日同学，都上大学去了，唯有她，在原地停留。她内心的那种痛，我能懂！

Honey 的相关微博：

“写政治真的要吐了。头疼一来，麻麻的手机一摸，真的就立马好了，求解释。”

“今天英语默写！政治默写！语文默写！历史也默写！就差数学了！再这样下去，偶要跳楼了！等这轮默写完了我就把该死的讲义全烧了！”

“我现在做完文言文就想把它吃了！”

“亲们，你们历史有写嘛？有百度到嘛？明显我找不到辙，天哪！”

“Honey 很不幸的成为全班唯一一个拿双 C 的童鞋！历史，政治，大痛啊！”

王小棉的反思：以为复读生的日子轻松无比，压力剧减，貌似她的复读生涯不如诗如画嘛。如果我现在起放弃努力，等待明年卷土重来，她的今天，会不会是我的明天？

Honey 的相关微博：

“最近很累，很迷惘，很彷徨，很失望，很压抑。”

“关键时刻掉链子啊！今天二模，截止此刻已经跑厕所十趟了啊！吃早饭吐早饭，吃中饭吐中饭，我已经废了，废了！”

“一夜没睡！一会儿就像僵尸一样跳起来，跳来跳去，太难受了！被窝太热，身上太痒，又挂了一上午的水。刚从口语考场出来，Honey 偶又碉堡了！”

“高考又出了很多状况。考语文前的晚上失眠。考英语的上午一直拉肚子，考听力时还耳鸣，就疯了一样的。一到家就头疼欲裂。晚上又吃了安眠药。第三天一大早起来什么都没吃就吐了。没吃早饭就去考试了。除了数学，考其他几门时，心跳都非常快，非常紧张。考试时还时不时有曲婉婷的歌在单曲循环，我真的是没有办法了，我心态真的不 OK 了，你们不要怪我，我真的不够强大。我知道我最后输的还是心态……”

王小棉的反思：复读压力，还真不是一般地大！如此看来，复读深似海。我还是咬咬牙苦上几个月得了！

读完王小棉的反思性评论后，我说，Honey 只是复读生中的一例，我们不能以偏概全，将复读看成一条万劫不复的不归路。其实，也有不少人，高考失利后，咬牙重来，最后搏来了好前程的。比如，Honey 的妈妈就是复读受益者。但具体到我们自己身上，我觉得，你的情况，并没有糟糕到连二本院校都考不上的程度。你只是在暂时的挫折面前，丧失了斗志。给你看 Honey 的微博，其实也是为了让你能辩证地看待复读。如果你因为害怕面对和战胜挫折而对复读情有独钟，那么，我想，Honey 的微博，多少能给你一点启发。你是想退回去重来，还是咬紧牙关挑战困难，全在你的一念之间。我希望你做一个笑对困难的勇士，而不是一个落荒而逃的懦夫。

王小棉说，我觉得，我还是做一朵向日葵吧，即便面临困境，也面朝阳光，迎风奔跑！

9. 少低头，多抬头

春节，带王小棉回乡下过年。

乡下苦寒，卫生条件差，又不通网络，于王小棉而言，过年便成了“熬年”。临出发前，王小棉提出，她爸的手机的使用权，在“熬年”期间，须归于她。想想高三半年，王小棉够辛苦，难得放松几日，便一口应允。

车行至村口，只见王小棉的爷爷、奶奶早就在朔风之中候着，王小棉将手机夹在肩与脸颊之间，去和爷爷、奶奶拥抱。尔后，立马捧着手机，继续埋头摆弄。爷爷凑过去，问：“小棉！在看什么好玩的东西呢？给爷爷也看看？”王小棉将手机屏幕朝爷爷面前一晃，说：“爷爷，我玩微信呢。”奶奶也凑过去看，问：“微信是什么东西啊？”王小棉指着手机上的一个微信用户，对奶奶说：“假设，这个就是你，我就可以摁开你的头像，给你发信息，还可以录一段话给你听，”王小棉再摁一下说话键，对着手机吼了一句：“奶奶，我想死你了！”录完后，王小棉指着手机，对奶奶说：“下次，你一打开手机，就能听到我给你说的这句话啦！”奶奶说：“这东西有什么好的啊？想奶奶了就给奶奶打电话呗，不比这个好？”王小棉说：“奶奶，你要与时俱进哦。总之这个比电话要好啦。妈妈你给奶奶好好解释吧，我忙死了，我得将这个四合院拍下来给我的朋友们看。”

爷爷、奶奶早就准备好了一桌丰盛的饭菜。王小棉嘴里喊着“饿死了、饿死了”，却不动筷子，而是拿着手机对着满桌的菜“咔咔咔”一阵狂拍。尔后，迅速将这些图片上传到QQ空间、微博、人人网上。只一会儿工夫，就听到微博叮叮咚的提示音。王小棉一边忙着回复评论，一边忘乎所以地哈哈大笑：“他们都说羡慕嫉妒恨哪，都说恨不能马上飞过来和我抢食哪！都说乡下的年比城里的年丰盛哪！”

爷爷、奶奶等了半天，也不见嚷了半天的“饿死了、饿死了”的王小棉开吃，终于忍不住了，说：“再不吃，菜可就凉了啊。”王小棉吃了两口，就又举起手机来：“爷爷、奶奶，秀一张恩爱照！让我的同学看看你们！”我看不过去了，赶紧将王小棉手里的手机收放到自己的口袋里：“别胡闹了，吃饭！”

饭后，爷爷捧着茶杯，奶奶端着针线箩，聚到房间里，找王小棉说话。爷爷最关心王小棉的成绩：“这次期末考试考得怎么样啊？”王小棉头也不抬，答道：“还行！”奶奶则关心王小棉的温饱：“奶奶烧的菜合不合你的胃口啊？”王小棉仍然埋头作答：“还行！”爷爷喝一口茶，又问：“有没有想好考哪儿的大学啊？”这个问题王小棉不好用“还行”来对付了，就只好抬起头来向我求援：“这个问题，由我妈妈代言！”奶奶上前摸摸王小棉的棉衣，有点担忧：“小棉你穿这么一点点，冷不冷啊？冷的话要和奶奶说啊。”王小棉抽出一只手，朝着奶奶摆了摆：“晓得啦！”

忽然，我的手机在口袋里打转转，拿出来一看，是王小棉给我发的手机QQ：“老妈，好烦哪。能不能想法子引开这一屋子的人，还我一个清静？”我横王小棉一眼，捧着手机，手指飞舞：“过分了啊。难得回老家一趟，陪爷爷、奶奶好好聊聊。”“和他们能聊什么啊？”“他们问什么你答什么就是了。你也可以关心地问问他们的身体啊，田里的收成啊什么的。建议你别做低头族了，将手机现在还给你爸，专心地陪爷爷、奶奶说话。”

王小棉有些不情愿。

我继续给王小棉发QQ信息：“你不是想沦为低头族、手机控吧？我可告诉你，低头族，危害多多：影响视力，引发手指肌腱炎，出现皱纹、双下巴，交通事故、闭锁心理……你还是多抬头，让那些被手机一点一点带走的人情味复苏与回归吧！因为现实生活中的亲情、友情与爱情，远比那些留言和关注更重要！”

王小棉终于将手机还给了她爸。

“小棉，好久不陪爷爷打乒乓球了，想不想看看爷爷的球艺有没有进步？”

“好啊，正好坐了半天感觉有点冷！”

爷爷家住的是四合院，朝东有间小厢房，里面放着一张乒乓球台。爷爷有三大爱好，茶，二胡，还有一个就是乒乓球。王小棉从小受爷爷影响，也爱上了打乒乓球。爷孙俩你来我往，居然不相上下。爷爷今天的兴致高，打完球后，还给王小棉拉了一段《梁祝》。王小棉不甘落后，从车上取来琵琶，给爷爷弹奏了一曲《十面埋伏》。

就在这时，爷爷家来了个六七岁的小女孩。爷爷介绍说，这个小朋友，挺可怜的。爸爸没读过多少书，身体又不好，在本地一直找不到媳妇，就托人帮忙，花了一大笔钱，娶了一个贵州的姑娘。贵州姑娘看起来倒是安安分分的，还给他生下了一个女儿，可是，在女儿四岁的时候，却丢下了爷俩，一去不复返了。王小棉一直是个很富有同情心的人，当即牵着小朋友的手，陪小朋友玩。王小棉恨不得将自己书包里的所有东西都掏出来给小女孩：“巧克力，吃不？棒棒糖，也给你啊。还有，哎呀，笔你是不要的，书包给你也不合适。咦，对了，我发条微博。”

王小棉要过爸爸的手机，将小姑娘脏脏的面部来了个特写，然后，上传到了微博里：“一个被亲妈遗弃的 6 岁小妹妹，看得我都想哭。”后来，回城后，意想不到的事情发生了。王小棉的那些博友们，居然为小女孩凑了一笔钱，帮小女孩买了一只阿迪达斯的书包，还有一大堆的学习用品，托王小棉下次回老家的时候带给那个让他们“幸福得想哭”的小女孩。

10. 有朋自美国来，不亦忧乎

每次听到王小棉说邵梦从美国回来看她，我就开始忧郁。

若干年前，邵梦和王小棉上同一个幼儿园，读同一所小学。人人见了邵梦和王小棉，都会好奇地停下脚步，问一句：“双胞胎吧？”不奇怪，两人同样的个头，同样的忽闪忽闪的大眼睛，同样的两条羊角辫，甚至连衣裙，都闹着要买同样的款式。两人好到什么程度？六年级时，邵梦为了能更近距离地和王小棉同进同出，居然说服了爸爸、妈妈，将自己家的三居室空关着，却租住了我们家楼上的两居室。初二那年，邵梦“承受不住中考的压力”，去了美国。送邵梦走的那天，王小棉比谁都哭得要伤心。

邵梦回来看王小棉，王小棉该高兴才对，可是，王小棉忧郁了。

“因为，我和邵梦的交集似乎越来越少了。”

“所以，我也想去美国，开阔视野，增长见识，锻炼自己的独立自主能力，获取就业竞争力，而不是每日被高考压得喘不过气来。”

于是，我忧郁了——王小棉不安心于高考了，想出国了。高考在即，军心怎能动摇？

我问：“王小棉，关于这个问题，你想不想听听专家的建议？”

王小棉将头凑过来看某大学教授的观点：“中小学生没有出国的必要，因为中国的基础教育还是很过硬的。对待出国留学，不必盲从，并不是国外的就一定是好的。由于中学生年纪尚小，自我控制能力较弱，在没有父母的监护之下，很难适应当地复杂的环境，容易走上歧途。所以父母要谨慎从事，千万不要弄巧成拙，否则会适得其反。”

看完，王小棉一脸的不以为然。

一番深思后，我决定先动之以情，力邀王小棉到我们学校食堂去就餐。

我们坐在牛姐的对面。牛姐看到王小棉，有点小悲伤了。我知道，牛姐是触景生情，想儿子点点了。去年，在本城一所大学里读大二的点点，自感前途灰暗，提出要去美国。牛姐咬咬牙，通过一家中介结构，为儿子办好了所有的手续。牛姐的家境一般，每年数十万的学费，对牛姐而言，无疑是个沉重的负担。从儿子去美国那天开始，牛姐开始节衣缩食。每天中午，牛姐去食堂就餐时，总随身携带一只饭盒，将打来的菜分成两份，一份吃掉，还有一份，装到饭盒里，带回去，晚上热一下，夫妇俩混一顿拉倒。发现了这一点之后，我便将自己的菜拨出一部分给牛姐：“反正我也吃不下，倒了也浪费，帮帮我的忙。”

王小棉目睹了这一切。

我再晓之以理：“咱们家的情况，和牛老师家相似。如果你执意要出国，那么，明天将食堂菜带回家当做晚饭吃的，可能就是我。我并没有责备点点的意思。我只是想让你知道，你没有必要为了缩短与邵梦的距离，而盲目地选择出国。你的情况，与邵梦不同。和点点也不同。邵梦出国，主要是因为初二时感觉功课已经相当吃力，已经引发了一些心理问题，亟须换个新的环境，而邵梦的父母，两人年薪都数十万，他们有这个经济条件。点点虽然家境不好，但是，家里人支持他出国是因为当初他高考考得不好，又选择了一个没什么前途的专业。而你，目前各方面发展状况良好，考个不错的一本院校完全有可能。所以，我认为，你完全没必要瞎折腾。”

王小棉叹口气，说：“其实，你说的这些，我也知道。爸爸正处于创业期，只见钱往里砸，还不见什么效益。你呢，全年收入顶多也不会超过10万。如果我这个时候闹着要出国，确实有点……”

我点点头：“别忘了，我们还有爷爷奶奶外公外婆要赡养。爸爸、妈妈现在可都是上有老下有小的人了，得通盘考虑，合理安排。如果你想出国的原因，仅仅是害怕失去邵梦这个朋友，我觉得大可不必。如果友情经受不住时间和距离的考验，那么，它完全不值得你不顾后果地付出。还有，未必出国念书的人，回来之后都能有什么好前程。‘海龟（归）’成‘海带（待）’早就不是什么新鲜事了。再说了，你想去美国接受教育，以后等考上大学后，还有的是机会啊。”

王小棉叹口气：“唉。我也只是想想而已。现在跑过去，得先过语言关吧？得适应环境吧？能不能如期参加洋高考，还真难说呢。”

我再诱之以利，我翻开旧相册，给王小棉看一张老照片：“还记得我们学校张老师家的虹姐姐吗？就是你小的时候经常手把手教你写毛笔字的那个？”

“记得的。成绩好得不得了，后来不是考上复旦了嘛。”

“是啊。你知道虹姐姐有多厉害？只花了两年多的时间，就修完了本科的所有课程。然后，申请到美国一所大学的全额奖学金，到了美国读研、读博。现在，已经在美国安家落户了。前几天，我们学校有个退休老师的茶话会，张老师来了，和我们聊了好长一段时间，说虹姐姐在美国念书那些年，不但没花过家里一分钱，奖学金省着花，每年还能给家里寄回来将近一万美金呢。”

“虹姐姐那可是神人哎。记得以前你和我说过的，她在我们学校读高中的时候参加物理、化学竞赛都是拿一等奖的！”

“所以嘛，想出国，可以，凭自己的实力杀出去。拿父母的血汗钱，躲到国外去，借以逃避高考，这可不是什么明智的选择。等以后条件成熟了，我们自然会全力支持你。但现在肯定不行。你所要做的，就是去除一切杂念，全力以赴，搏杀高考。”

经历了一番从动之以情到晓之以理再到诱之以利的谈心之后，王小棉终于郑重地点点头。

11. 诉苦，缓解不良情绪

进入高三之后的王小棉，情绪时有波动。时而如同一只小刺猬，见了谁都扎；时而又如同一只小羔羊，说话都没个大气儿。

这天，王小棉一回来，就冲着我开起了火。其实，引发了王小棉的万丈怒火的罪魁，并不是我。然而人家王小棉说了：“如果哪天我不分青红皂白地冲着你发火，那就说明我已经将你看成是我最好的姐们儿了。我能冲着你发邪火，那是我对你的一种高度的肯定，所以，你应该幸福无比地尽情享受只有你才能享受得到的特权。”

于是，我听到了以下的一段故事。

校运会在即，各班都在积极准备开幕式的表演。王小棉不仅要负责管理班级表演服装，自己还有表演任务：与男生尧同学表演琵琶笛子二重奏《送你一朵玫瑰花》。候场时，有个同学不小心将尧同学手里的笛子碰掉在地，而王小棉，正巧一脚踩在了笛子上。两人见闯了祸，忙不迭地向尧同学道歉。尧同学却拒不接受两人的歉意，仍能正常吹奏的笛子也不要了，最后居然闹起了罢演。仓促之下，王小棉只好抱着琵琶，来了个独奏《春江花月夜》。演出结果可想而知。大家的情绪都很消极，也影响了运动员同学水平的发挥。老班虽然没说什么责怪的话，但大家都看得到老班的眉头是紧锁着的。也是，高中生涯中的最后一次运动会了，谁不想留下一点儿美好的回忆啊，可是，现在，全砸了！

王小棉将一只软枕狠狠地往我面前的地板上一摔：“明眼人都知道尧同学是在迁怒于人。他自己每次考试都是班上倒数几名，内心苦闷，所以，看谁也不顺眼。这次我们大家其实是为他好才让他代表班级参加开幕式表演比赛的机会的，可他倒好，一点不领情！平时冲着大家摔本子拍桌子的也就算了，关键时刻，居然撂挑子走人，一点大局观念都没有！想想就气人！”

王小棉发火时，我是倾听者，但我充当的，可不是简单的“出气筒”的角色。更多的时候，我除了“幸福无比”地享受“特权”，还得充当王小棉的军师，帮助王小棉分析原因、出谋划策。

“根据你的描述，我看尧同学这是出现了高考前部分考生身上容易出现的‘敌对情绪’了。这是一种个体遭受到挫折后引起强烈不满时所表现出来的仇恨、对抗、不相容的消极情绪。往往表现为对人不友好，容易把人往坏处想，喜欢与人抬杠、争论，甚至有时还会出现报复与破坏行为。上次我看到过一则统计数据，说是高考前由于压力太大导致出现这种倾向的同学，占据了将近23.1%呢。”

“还真是这样呢。大家可担心尧同学了，要知道，这不仅对他自己不好，对大家也不好，因为坏情绪是会产生‘裂变效应’的啊。总得想想法子才好。”

“对。那你不妨想想，每当你有了坏情绪的时候，你是如何防止它‘裂变’的？你可以将自己常用的一些好方法贡献几个出来给尧同学，帮帮他。”

“我自己最常用的？”

我提醒道：“我觉得，此时，你正在使用的，就是一个很值得推广的好办法啊。”

“对啊，该诉苦时就诉苦。可是，妈妈，你不知道尧同学的情况。尧同学不是我们本地人，他的爸爸、妈妈都不在南通，他是寄养在亲戚家的，他的苦闷，可能只能闷在心里，无法对着爸爸、妈妈诉说呢。”

“总有比较谈得来的朋友吧？或者，找老师或学长也成啊。再不济，不是还有网友嘛。有时找一个网上的陌生人倾诉，反而更放得开呢。”

“尧同学不是成绩不好嘛，平时见了老师都要绕道走，找老师倾诉？我看，还不如杀了他。貌似和他谈得来的同学也寥寥无几。上网找网友，对尧同学而言，更不现实。因为他亲戚家其实条件也很差，加上怕影响尧同学和自己家的两个孩子的学习，根本就没有开通网络。"

"我看你就成啊。"

"我？你开玩笑吧？我可是他的敌对情绪的受害者！"

"我提这个建议自然是有理由的。第一，从你刚才对尧同学的家庭情况、学习情况及其他情况的介绍中，我可以看出，你平时还是比较关心他的。第二，我从你刚才的介绍中，看得出，你已经具备了对尧同学的宽容心。第三，尧同学当初肯答应和你表演琵琶笛子二重奏，说明在他心里也是将你当成可以合作的好伙伴的。"

"也罢，要不，我主动给他写封信吧。嘿嘿，妈妈，我忽然有了个好主意，我先找他诉苦！诉苦，是可以增加倾听人内心的幸福感的是吧？我这一诉苦，说不定尧同学能将今天发生的这些不愉快抛开，如果能'与我心有戚戚焉'了就好啦。"

我捡起被王小棉摔在地板上的无辜的抱枕，说："这个是肯定的。善意无敌嘛。不过，除了彼此诉苦，你还得从其他方面帮助尧同学摆脱敌对情绪，不能让这些不良情绪成为高考的干扰源。其实，你平时用过的方法，可多着呢。"

"对啊，比如，摔抱枕，这是合理发泄。找一个不影响别人的地方，哭上一场，吼上几嗓子，也是。如果尧同学不愿意向我诉苦，我还可以建议他将日记作为自己内心苦闷的倾听者。还有，当自己被不良的情绪所左右的时候，可以将自己的注意力迁移到自己感兴趣的事情上去，对，我可以建议他去跳街舞或者打篮球。"

我与王小棉击掌相庆："那还等什么？马上行动，写那封给尧同学的诉苦信去！"

过了几日，王小棉大咧咧地说，我和尧同学已经和解了！尧同学说，我们俩教给他的那些法子，还真是管用！

12. 动漫，想说爱你不容易

高三（16）班有个家长群，群公告栏里，贴着一句话，“一个都不能少”，群主解释说，此公告有两层意思，其一，希望所有的家长都能入群，陪孩子一起搏杀高三。遇到困难，大家一起讨论，共同释疑解惑。其二，希望所有的孩子都能在高考中取得好成绩，进入理想的大学。

明浩的爸爸，是建群数月之后最后一个加入的。

男孩明浩，来自山东枣庄。明浩爸在通城一家瓜果批发市场里租了一个摊位，贩卖苹果橘子梨。明浩的妈妈则带着明浩的妹妹留在枣庄老家，照看年迈的爷爷、奶奶。明浩爸没念过几年书，连网都没上过，更别说使用 QQ 群了。之所以百般恳求别人帮他申请 QQ，并千辛万苦学会了打字，然后申请加入家长群，主要是因为遇上了一件棘手的事。

明浩爷俩住的是极其简陋的出租屋，其实也就是居民楼底层的那种只有 10 来个平方米的车库。中间布帘一拉，小屋一分为二，就成了集书房、卧室与厨房于一体的多功能居室。为节省空间，父子俩同睡一张床。为避免打呼噜影响儿子做作业，明浩爸总是市场上最晚收摊的那一个。所以，明浩晚饭后是如何做作业的，明浩爸并不知晓。明浩爸是在极其偶然的情况下发现明浩的“私藏”的——几乎满满一纸箱崭新的动漫书！这些动漫书哪儿来的？明浩的回答是，向同学借的。再问为什么不还给同学，明浩说同学说不要了全部送他了。明浩爸将信将疑，留了个心眼，过段时间再查看，发现纸箱里的动漫书只增不减，便知道明浩并没有说实话。明浩爸看看书后的定价，心疼得要命。明浩买动漫的钱是哪儿来的？一顿盘问，明浩招认说，是将吃早饭的钱省下来买的。明浩爸更是心疼了，怪不得儿子最近总是面黄肌瘦的样子！怪不得已经连续有好几个任课老师与明浩爸电话联系，说明浩上午上课时总是趴着上课！

明浩爸非常生气，从纸箱里抓过几本动漫书，三下两下就扯烂了：“我让你买！让你买！我省吃俭用供你上学，你倒好，买这些没用的东西！”

明浩一听，也很生气，伸开双臂，将爸爸拦住：“谁说没用了？我每晚做完一道数学题，我就奖励自己看一页动漫。背完一段课文，我再奖励自己看一页动漫。有张有弛文武之道，爸爸你懂不懂？别的同学可以买昂贵的 iPad 和 iPhone 下载电影听音乐缓解压力，我从来就没有那样的奢望。在我们高三（16）班，我已经够另类了你知道不知道！你知道动漫给我带来了多少快乐？可是，你竟不分青红皂白，将它撕了！你太不可理喻了！”

明浩爸将明浩一把推开，索性弯腰将纸箱抱起，将书哗啦啦全部倒在了楼前的空地上，然后拿出一只打火机，将书点燃。明浩眼看着心爱的动漫书一本本化为了灰烬，发出一声狼嚎，冲出门去，骑上自行车，转眼不见了。

明浩爸这才觉察到了问题的严重性，赶紧打电话给班主任求援。

班主任一听，很着急：“你赶紧四处找找。我现在就到群里发短信给所有的家长，让他们一有明浩的消息马上与你联系。要我说，今天你这事，处理得还真不妥当。我能理解你的心情，这事搁谁身上，谁都急。可再急，也要讲究方法。也许你该心平气和地和明浩说明你反对他购买和阅读动漫的原因的。根据我对明浩的了解，他应该能接受的。这样吧，我给你我们班家长群的群号，以后遇到类似的比较棘手的问题，你可以到群里去和大家商量，看看其他家长是怎么妥善处理这种冲突的。”

明浩爸入群的这一天，明浩已经在大家的帮助和劝说之下，回了家。但是，父子关系仍然处于僵持状态。

明浩爸敲出一行字：“我儿子疯狂痴迷动漫，影响学习，书被我烧了，现在不搭理我，我做的饭也不吃，怎么办？”

在线的家长对明浩出走的事也大抵有所耳闻，赶紧给明浩的爸爸出招：

“建议冷处理。饭做好后，你先避开。饿了他自然会吃的。”

“亲，给儿子道个歉吧。继续用热脸去贴冷屁股。贴的时间长了，冷屁股也就变成热屁股了。和什么赌气，也别和孩子的高考赌气。放低姿态。”

“好好沟通，分析利弊。高三学生，体力消耗大，用吃早饭的钱买动漫，绝对会影响身体发育。不宜边做作业边看动漫，一心二用，会影响学习成绩。把你的良苦用心说给儿子听。让你儿子自己去联想后果。这一方法对抗拒干扰源，绝对有用。”

“我觉得你要花时间多陪陪儿子。你每晚那么晚才回家，和儿子在一起的时间太少，这不利于父子感情的沟通。和儿子协商，看看有没有其他的什么能让你们双方都接受的缓解压力的办法。”

“要是不好意思开口，那就给儿子写封信吧。我经常这样干。很有效的哦。”

“烧了也好，该狠心时就狠心。不采取点强硬手段帮助儿子避开诱因，如何才能抵制得住不良诱惑？”

“建议你寻求外援。老班出马，一个顶俩。我儿子就最服老班。”

……

明浩爸一一细看了，然后，敲出一行字，匆匆下了线：“很有收获，谢谢指点。”

大概一周之后，明浩爸再次出现在群里：“我照着大家教我的那些好办法去做啦，我主动向儿子道歉，儿子也向我道歉了。我还向儿子保证，咱们爷俩都好好干，等到高考一结束，我就带上攒下的钱，陪他去动漫书店，到时候，想买几本买几本。现在，我每晚都早早收摊回家，陪儿子一起看书做作业。问题已经解决，谢谢大家啊！”

4

第四章　学会做人，方能成事

——陪孩子，做个阳光的人

导读：一个愿望，始终在我们的心里生长：多么希望自己拥有的，是一个健康和阳光的孩子！善良、正义、宽容、乐观、诚信、坚强、责任感……所有这些，对一个高三的孩子来说，尤其必不可少。那么，如何帮助孩子提高抗击打的能力？如何处理好合作与竞争的关系？如何引导孩子理智面对纷繁复杂的社会现象？和孩子一起，做一株向日葵吧，即便忧伤与沮丧，也面朝太阳！相信生活会给我们丰厚的回馈！

1. 做个正直的人

我承认，我是有过棱角的。青春年少时，我曾经将“宁鸣而死，不默而生”奉为座右铭。在岁月的河床里，我的尖锐的棱角，在刺疼世界的同时，也弄疼了我自己。那些青春逼人的锋芒与棱角，怒涛渐息，终于被时间冲刷成一块光滑而沉默的“鹅卵石”。

王小棉是我青春的再版。我发现，很多时候，我甚至得仰视王小棉。

高三上学期，我带王小棉去逛商场。恰逢商场店庆搞促销，全场商品对折销售。几乎每个收银台前，都排着长队。为节省时间，我和王小棉采取车轮战术，我先排队，让王小棉出去选购商品。等王小棉选好自己想买的商品，开好票，再将我换下，让我出去选购商品。当我终于拿着一叠发票赶往王小棉排队的收银台的时候，我发现，我的女儿，亲爱的王小棉同学，竟然正在跟一个中年眼镜男大声理论：

“你一个大人，怎么能带头插队？”

“你个小姑娘，凶什么凶?！你看到我插队了？”

“当然！排在我前面的是那个阿姨！请问你不是插队的话，你是如何空降到我前面的？”

“去去去，又不是我一个人在插队，你管得过来嘛你！”

“又不是你一个人在插队？请问，这个队伍里，除了你，还有谁插队了？即使有，我们要做的，是纠错而不是跟着去犯同样的错！”

“哟，小姑娘你也有点太不自量力了吧你？你以为你一个人振臂一呼就能改变得了社会风气？真是螳臂当车！”

“是！改变社会风气，我，个人的力量确实是薄弱的。可是，破坏社会风气，你，个人的破坏力，却是可怕的！”

“你再乱说我对你不客气了啊！”

我赶紧三下两下付完款，回头怒扫眼镜男一眼：“你插队还有理了？你倒是动手试试？”

我一把将王小棉拉出旋涡的中心，边走边斥责道：“那么多大人都不说话，你一个小孩子家，逞什么能？”

王小棉愤怒地甩掉我的手：“妈，你这样说太让我失望了！你别忘了自己的双重身份！你是老师，更重要的是，你是妈妈！从小你就教育我，教育你的学生们要做一个善良和正直的人，可是，真正遇到这种社会不良现象的时候，你却要求我噤声！要求我做一只消极躲避的鸵鸟！不，你竟要求我去做一只可耻的缩头乌龟！”

这话说得可就难听了。我也有些恼火了：“妈不是担心你这样做可能会给自己带来麻烦嘛！要是碰上个犯浑的，真动手打了你怎么办？要是碰上个更犯浑的，怀恨在心，伺机打击报复怎么办？你可是一个高三的学生了！不能冲动和莽撞！凡事要多思前想后，尤其是要考虑到可能会出现的不良后果！”

王小棉站定了，用一种打量陌生人的眼光怪怪地看着我：“妈，你可真马丁！”一头钻进人头攒动的消费人群，消失了。

马丁的故事，我自然是知道的。这位德国新教牧师留下的那首发人深省的短诗我曾不止一次地给王小棉也给我的学生们讲过：“在德国，起初他们追杀共产主义者，我保持沉默——因为我不是共产主义者；接着他们追杀犹太人，我保持沉默——因为我不是犹太人；后来他们追杀工会成员，我保持沉默——因为我不是工会成员；此后他们追杀天主教徒，我保持沉默——因为我是新教教徒；最后他们奔我而来，却再也没有人站出来为我说话了。”

回到家，有好多天，王小棉对我的态度，都是冷冷的。是啊，在她青春年少、清澈澄明的世界里，怎么能容得下成人世界里的那些类似于“生活把我们磨成沉默的‘鹅卵石’，是为了让我们滚得更远”这样的通行无阻的处世哲学？

我决定和王小棉好好谈谈。吃饭的时候谈似乎不合适。饭后，王小棉关闭了房门做作业，做出一副拒我于千里之外的样子，推门强谈似乎更不合适。

家庭关系顾问迈克尔·波普金曾说：“一般人都认为白纸黑字更加可信，而且可以一看再看。”“把话写下来，话的分量也会增加。”要不，给王小棉写封信？这倒不失为一种可行的方法。

机会很快就来了。一模前夕，王小棉所在的高三（16）班要开家长会了。班主任要求我们针对孩子最近的思想动态，写一封信给孩子。

这倒是个和拒绝与我面对面沟通的王小棉说说心里话的好机会。我以《一个“马丁妈妈”的内心独白》为题，给王小棉洋洋洒洒写下了好几千字。这封信的要点有：“马丁妈妈”全身心地爱着王小棉；“马丁妈妈”非常欣赏王小棉的正直与正义；“马丁妈妈”希望王小棉在见义勇为的同时，更要注重方法与技巧，做到见义智为；“马丁妈妈”会向王小棉学习，在不该沉默的时候，努力呐喊，因为，从王小棉身上，“马丁妈妈”悟出了一个道理：对不合理现象的妥协与沉默，就是对社会进步的阻挠与犯罪！做一块“鹅卵石”，固然处处圆通，可是，却也不得不任人拿捏，因为，它没了自己的棱角！

当晚，王小棉一回到家就对我进行了暴风骤雨式的批评：“人家爸爸、妈妈写的都是勉励孩子好好复习迎接一模考出成绩考出信心，都在积极表态要做好孩子的后援团，你可好，通篇都在辩驳自己不是‘马丁妈妈’！”我笑着说：“那是因为你思想里的疙瘩不消除，你肯定能考个让大家心里堵上疙瘩的分数。我的这封信，没偏离你们班主任的‘为一模造势’的主题吧？”

又过了几天，我和她爸送王小棉上学，在距离学校还有大约500米的地方遭遇了路堵。因为害怕迟到，我就建议王小棉下车步行。就在我和王小棉从车里下来的时候，我听到我们车门右后侧的一个骑着电瓶车的中年女人，骂骂咧咧地冲着我们叫道：“素质太低了！到处可以停车下车的？”我把书包交给王小棉，而后，朝着那张出言不逊的面孔欠了一下身：“对不起，耽搁了您这位高素质女士几秒钟!”王小棉在我脸上啵了一下，说：“妈妈你真的不马丁了！你太棒了！我决定收下你这个徒儿了！我宣布，咱们从此恢复友好合作的母女关系!”

那个瞬间，我从车子的后视镜里发现，在风中站立着的我，和亲爱的王小棉同学一样，青春勃发。

2. 给孩子一张“明性片”

王小棉所在的高三（16）班只有9个男生，没办法，文科班，基本上都这样——阴盛阳衰。班长倒是个男生，姓张，曾是我的得意门生，中考时考过南通市第六名。张同学样样都好，除了有点……娘。

举一例吧。有一回我给张同学他们上课，在某个学生互评环节，有个女生很尖刻地对张同学说，希望你以后能改掉娘娘腔，别在我们女生堆里混，多点男孩子应有的阳刚。张同学却一点也不生气，而是笑眯眯地点点头，神色非常乖巧地冲着那个女生连连点点头：“嗯！我知道了！谢谢你！我会努力的！”从此，张同学的大名就鲜有人叫了，大家单取其姓名中的一个字“灿”，再以“姐”字后缀之。

因为男生奇缺，灿姐就成了16班的一块宝。王小棉有一回半开玩笑地说，咱们16班的女生们连下课上厕所都恨不得带上灿姐。灿姐的性别观念是很淡的，当年读初中时，我们经常在校园里见到灿姐和班上的女生们勾肩搭背一起说话一起嬉戏。若是这样做的是其他男生，学生们肯定会在背后议论纷纷，老师们也会紧张得如临大敌，然而，这样做的是灿姐，那可就不一样了。记得灿姐的班主任经常在办公室里对自己进行否定之否定：“不得了不得了，怎么这么有伤风化的言行，我竟觉得自然到了就像看到了万木共生无限和谐呢？”现在的灿姐，仍然喜欢扎在女生堆里，高三（16）班的女生家长们也早就见怪不怪了，譬如我，多次对王小棉交代过不可和男生过从甚密，但如果哪天王小棉打电话跟我说灿姐正陪她在外面逛街吃饭，我的反应肯定是淡淡的一句“哦，好的，早点回来”。

对灿姐的性别错位产生探究的欲望是因为我发现，患有不同程度的性别错位症的孩子，还真不止一两个。我的一个朋友曾对我说，真要命，我儿子班上的女生也是喊我儿子姐的，问题是，我儿子对这个称呼似乎非常享受！

所谓性别错位症，指的是一个人由于在心理上难以清晰地认同自己的生理性别从而产生的一系列错位症状。对性别的认同，是一个人对自己的生理性别的自然认知，如果孩子的身上已经出现了不同程度的性别错位症状，一定要引起足够的重视。作为家长，必须及时帮助孩子进行矫正，给孩子派发一张“明性片”，否则会严重影响孩子的身心健康。

在给孩子派发“明性片”前，首先得冷静思考导致孩子出现性别模糊或错位的原因。这样才能对症下药。

一个孩子对自己性别的确认，主要是在外界环境和教育等因素的渗透下缓慢进行的。如果外界没有给予孩子正确的导向，孩子就有可能产生性别角色混淆。

经过多方了解，我发现，灿姐的病源主要在于孩童时期家长的误导。王小棉说灿姐曾给她们看过他小时候的照片，竟然几乎全是裙装照和辫子照！原来，灿姐爷爷、奶奶生了五个儿子，灿爸是最小的一个。灿姐的伯伯们生下的，又都是清一色的儿子，所以，灿姐妈妈怀着灿姐的时候，整个大家庭都特别希望灿姐是个女孩子，就这样，可怜的灿姐从小就是被当做一个女孩子带大的！记得高三上学期学校开展英语剧表演大赛，灿姐对自己分到的男一号的角色很不满意，非要和王小棉的女一号对换，结果，王小棉反串一举成名，成了那届英语剧表演中的最俏最靓“男主角”，而灿姐，则直接由“灿姐”飙升为了“灿娘”。

可见，家庭环境的影响及家庭成员的榜样的力量是不容忽视的。父母是孩子在性别角色方面的指导者和模仿对象，所以一定要注意自身行为的影响，如果爸爸有些“娘娘腔”，或是妈妈习惯大大咧咧地说话做事，都要在孩子面前有意克服，以免孩子依葫芦画瓢。

灿姐之所以到了高中还一身的伪娘气质，与灿爸的潜移默化的影响是分不开的。从小生活在女孩稀缺家庭里的灿爸，也是个“异性打扮”的受害者。成年之后，尽管并没有在性取向上出现问题，更没有沦为一个 GAY，正正常常地结了婚生了子，但和灿爸有过接触的人都能明显感觉到灿爸和其他男人比，就是缺了点啥。记得三年前，灿爸给我打了个电话，说儿子中考考了南通市第六名我功不可没，所以，他决定要送我一个珍贵的礼物——一幅他绣了两年的名为《桃李满园》的十字绣！我的眼前，立马出现了飞针走线的东方不败。

其实，在人生的不同阶段，孩子还会在身边寻找同性作为榜样来效仿，所以，家长还可以通过帮助孩子选择不同年龄段的同性榜样，鼓励孩子比较自己和榜样的差距，确定努力方向，以使孩子建立起正确的价值观和人生观，这对孩子形成正确的性别角色也有很大的作用。

所以，高二文理分科的时候，其实灿爸错失了一次帮助孩子矫正性别错位症的机会——如果灿姐不是认定了非文科不读，灿爸其实是应该鼓励儿子选择男生相对集中的理科班的。

孩子是国家的未来和希望，因此对孩子的教育必须是全方位的。培养孩子具有善良、坚强、勇敢、自立等优秀品格，固然无须区分男女，但是，我们绝不能就此而忽视、抹杀甚至是违背大自然赋予孩子的性别属性和差异，因为我们不难想象，一个男女角色混淆的社会，会是怎样的一幅情景。所以，请给孩子一张“明性片”，使他尽快完成性别认同，进而定位自己的性别角色，以及与其性别角色相适应的心理特征和行为模式，这样，孩子才能身心健康地成长。

3. 言必信，行必果

每逢大考，必有一些家长，为了激励孩子考出好成绩，会使出所谓的杀手锏：若考到多少分或排名第几，就怎样怎样奖励。做出了承诺，那是一定要兑现的，否则，就会伤了孩子的心，导致亲子关系紧张，甚至趋于对立。然而，生活中，也会出现这样的情况，有的孩子未能达到要求，却使性子强求父母满足考试前提出的种种要求。遇到这样的孩子，家长和老师又该如何应对呢？

我有个名叫小成的学生，在期中考试前，曾经豪情万丈地给他的父母立下军令状：挺进年级前50名，达到的话，奖励我一辆山地车。父母见儿子如此上进，一时高兴，提前将山地车买回来，并慨然允诺小成可以提前享受骑山地车的待遇。没想到，成绩揭晓，小成不进反退。按照考前约定，父母要求小成交出山地车的钥匙，却遭到了小成的拒绝。更严重的是，小成竟还因此和父亲动了手。小成的妈妈打电话朝我哭诉："这孩子凶得不得了，比他爸爸都要高一头，真动手打，我们都未必打得过他，我们可怎么办啊？"

我安抚了这个焦头烂额的妈妈一番。在我的印象中，小成乖乖巧巧的，怎么也不像是那种敢于和父亲动手对打的人啊。第二天，我找到小成，说，关于新山地车，以及你们因为这辆新车引发的矛盾，我想先听听你的想法。小成说，我就是讨厌他们一点都不肯信任我！我期中考试离定的目标不就差了不到10名吗？而且我都答应了他们期末考试我一定达到前50名，可他们，还是要我交出钥匙！我就没见到过这样不肯信任自己孩子的父母！

我提醒小成，你们当初约定的是期中进前50名而不是期末。一个人的诚实和信誉，远比他所拥有的物质财富来得更重要。《礼记》里有这么一句话："诚者，天之道也；思诚者，人之道也"，我觉得，你的父母收回钥匙做得没错。如果你的父母对你让步，那就违背了你们之间的约定，虽然会让你一时得利，可是，若是你承袭了这种不守信，那么，最终，你将会为此而付出沉重的代价。

一番艰难的沟通后，小成答应我，山地车的钥匙可以交，但自己绝不会再骑旧车。打那以后，小成每日里宁愿提前半小时起床，改为步行上学。小成妈妈看着心疼，曾打电话问我能不能对儿子让步，让他骑山地车算了。我给的建议是，你们现在多几分狠心，你儿子未来的诚信就能多几分。然后，我又找到小成，告诉小成，要靠自己的努力，理直气壮地重新拿回山地车的钥匙。负气，不过是本能。争气，才是本事。

又一天，小成妈妈的哭诉电话不期而至："小成不肯起床到学校去上学。昨晚又和他爸动了手，我们该怎么办啊？"

原来，小成昨晚回去跟他爸爸说，我们物理默写了，我比上次的默写有进步了，你现在应该将山地车的钥匙给我了。他爸爸说，根据我们的新约定，要等到你在期末大考考进年级前50名才行，平时的小测验不算。小成不依，父子之间的冲突不断升级，双方再次情绪失控，扭打了起来。他母亲毫无办法，只得又打电话向我求助。我对这个在家庭教育中焦头烂额的家长说，你把电话交给小成，让我和他谈谈。小成好歹接了电话。我说："小成，真的不想读了？真不想读的话，你现在就和父母一起到学校教务处来，咨询一下自动退学的手续如何办吧。要是想读，现在就马上起床，不可以旷课。否则，你连赢回山地车的一丝机会都没有了。"

孩子们有时还是有点小小的狡诈与残忍的，他们本能地知道父母的软肋在哪里。小成其实就是威胁一下父母，哪里就是不想读了？于是，放下电话后就到学校来了。但从此，精神萎靡，成绩自然每况愈下。

多次谈心，终于了解到其思想根源：有进步，父母不奖励，没劲。弄清了这点之后我与小成开始扯闲篇：“你父母最近的生意如何?”小成说：“比上个月好点了。”我问：“那你奖励他们了吗?”小成很惊诧地看着我。我继续问：“今天英语老师咽喉发炎了但还是坚持着给你们上课，你是不是应该给英语老师奖励？你来学校的路上，见到十字路口的指挥交通的交警了吧，你给他奖励了没？为山地车的事，我和你谈了这么多次，你也该奖励我一下吧……”小成终于钻进了我的套儿：“这都是你们应该做的，我凭什么要奖励你们啊?”我说：“可不是嘛。把成绩搞好，不也是你应该做的？要什么奖励嘛!”

小成似有所悟。

期末考试成绩揭晓，小成的数学、英语、物理都有了很明显的进步。我打电话给小成的妈妈，那个爱哭的女人又哽咽了。然后，我听到那个女人颠三倒四地说：“我奖励他什么才好呢？老师你说我奖励他什么才好呢?”

我赶紧说，你就别再给孩子许下这个那个诺言了。我有个建议，许诺前，一定要三思而后行，要让孩子明白，学习是他自己的事，并不是为你们学的，所以，少用物质奖励来刺激孩子。建议你以精神奖励为主。但是，一旦做出了许诺，那就要尽力而为。并可以结合具体情况，进行灵活的变通。

诚信，是一种品行，一种责任；是一种声誉，更是一种资源。它是一个人高尚的人格魅力。只有坚守诚信，言必信，行必果，才能赢得他人的信任和尊重。当孩子在学习和生活中出现了不重信守诺的言行，作为家长，一定不能无原则地让步，要从自身做起，诚实地对待每一件事，帮助孩子防止和远离各种不诚实行为。这会让孩子终身受益。

4. 从尖刻到宽容

与我一个去年才读大学的学生陆然闲聊，陆然说了一件让他很郁闷的事。陆然寝室里，住着一个西北来的学生，家里经济状况并不好，但是，父母还是想法子筹钱给他买了台笔记本电脑，好让他完成“作品设计”的作业。可是，事与愿违，这个西北的学生迷恋上了网游，没日没夜地玩，逢人开口必谈网游，陆然有一次规劝他别翘课玩网游了，没想到西北学生口不择言，说陆然“一个连游戏都不玩的人，能算人吗？有什么资格对我说三道四？”陆然气坏了，说自己当时恨不得一拳朝着那张自以为是的脸挥舞过去。

陆然的这番讲述，不禁让我联想起最近看到的那些让人触目惊心的新闻：因琐事关系不和，复旦大学研究生林某投毒害死室友；南航金城学院两名同学因琐事发生口角，其中一名同学被刺死；武昌某高校大三学生网购巫毒娃娃诅咒室友……因此，有网友自嘲：衷心感谢当年大学室友的不杀之恩！

作为一个高三学生的妈妈，我忧心忡忡：王小棉从来没有集体生活的经历与经验；作为独生女，王小棉集父母宠爱于一身，有时难免会耍小公主脾气；王小棉以后的同寝室的同学必然来自五湖四海，风俗习惯、生活习性各不相同……

我得未雨绸缪，得让我的女儿明白，要拥有良好的人际关系，有一颗宽容的心是多么的重要。

记得一年前，我在一篇名为《女发飙，娘不愁》的日记里记录了这样一件事："一中年女人，骑一辆脚踏车，慢悠悠地晃着S步。她没醉在酒中，她醉在电话里。小棉上完琵琶课，急匆匆往家赶。在S线路的某一个端点，碰撞不可避免地发生了。两人都有些微伤。小棉的手掌，擦破了皮。女人的手机，磕飞了。女人破口大骂。小棉毫不示弱地回击：'你不好好骑车，不向我道歉倒也罢了，赔手机？我的手还受伤了呢，你赔不赔？'女人哑口。我拍案而起：小棉，你做得对！对这种蛮不讲理的女人，就应该勇敢地回击！"从这篇日记中可以看出，当时，我对王小棉的行为选择是持赞同态度的。可是，如今，我不禁反思——我是不是忽视了宽容的教育呢？

之后不久，她爸将她最心爱的那件纯白T恤扔到洗衣机里洗，T恤被染上了其他颜色。王小棉非常生气，对她爸不理不睬。我赶紧抓住契机，跟王小棉谈了一回心："雨果说，世界上最广阔的是海洋，比海洋更广阔的是天空，比天空更广阔的是人的胸怀。妈妈觉得，在人和人的相处中，同学间，最高境界是宽容，父母子女间，最高境界是相容，朋友间，最高境界是包容。做到了前三点，我们才能达到第四重境界——生活的最高境界是笑容。对他人的无心之过，要有广阔的胸怀。这是一个有教养的人必备的素质。"

我很高兴的是，我的努力没有白费。因为，今天，王小棉给我讲述了一件与《女发飙，娘不愁》同因却不同果的事。也是一个女人，原本坐在停靠在人行道右侧的车里等人，忽然打开车门，而就在打开车门的那个瞬间，王小棉的电动自行车从旁边经过。可想而知，王小棉连人带车，摔倒在地，所幸王小棉骑车的速度不快，所以，只是膝盖上擦破了点皮。那女人一见，慌了，赶紧跑过来扶起王小棉，不住声地道歉，并要带王小棉去医院。王小棉叙述到这个地方，忽然卖起了关子：

"妈妈你猜我是怎么做的？"

"一瘸一拐地坐上女人的车，跟着人家去医院了？"

王小棉伸出膝盖给我看："什么观察力！要是我去了医院，我的膝盖上肯定包裹着纱布！"

“那你……”

“我只做了一件事，说了一句话，我就高高兴兴回来了呀。”

“哦？不是像去年那样，闹着要人家赔你的膝盖吧？”

“嘿嘿。我做的那件事是，忍着痛，钻进那个女人的车里，然后，给那女人示范了一下靠边停车打开车门的正确方法。至于我说的哪句话，你应该能猜对吧？”

“以后长点记性？”

王小棉哀叹一声：“亏你还总是教育我为人要宽容呢。告诉你，我今天说的那句话，是‘没关系，你又不是故意的。不就是擦破了点皮嘛。去医院，费那事干吗？’”

我一边查看王小棉的伤口一边表扬道：“行啊你，我还以为你又要像一年前那样伶牙俐齿地和人家吵一架呢。”

王小棉说：“妈妈你就不想问问我为什么会发生这样的转变？当然啦，你平时良好的家庭教育这个因素咱们就不重复了啊。你想想，是不是还另有原因？”

“心情好，吃嘛嘛香？”

“外因！一个不容忽视的外因！”王小棉恨铁不成钢地提示我。

我恍然大悟：“对，那个女人，在自己犯错后，没有将责任推给他人，而是勇担过错，并且，非常有礼貌，展现出一个现代人良好的素养。”

王小棉说：“正是！其实，我的宽容，是有原则的。不是对所有的人和所有的事都宽容。去年我为什么与那个女人针锋相对？因为我若不那样做，就会滋长不尊重他人、不遵守规则的不良风气。宽容不是示弱，宽容更不是纵容！”

我频频点头：“是啊，人和人之间，难免会出现矛盾和冲突。如果我们每个人都能像今天那个女人那样勇于承担责任，有素养，那么将会少了多少纷争啊。”

王小棉说：“可是，该尖刻的时候，我仍然会像一个斗士！”

“那当然，一个拥有阳光的宽容心态的人，才有资格拥有良好的人际关系！相信你以后离开妈妈去上大学，会懂得如何处理好和室友之间的人际关系！”

5. 走，咱们体验生活去

王小棉这几天眉开眼笑的，原因是“财源滚滚”。滚滚财源，来自于两大渠道，一是整个高二阶段成绩稳步上升，获得了校级进步奖学金800元。二是奶奶从老家来，偷偷塞给她1000元。

两个星期后。王小棉原本鼓鼓囊囊的小钱包瘪了。一查问，顿时火起——

两个同学过生日，一个送耳机一只，300元；另一个关系一般，送抱枕一只，120元。参加同学的生日派对，均为AA制，各花100元。买了一条牛仔裤，380元。此外，买文具零食等花掉将近100元。合计1000元。

但还是将火强行压下。耐心等待教育的契机。

她爸到底心直口快，按捺不住，说，你半个月就花掉了1000元，你可知道奶奶给你的这1000元，是怎么来的？

我尽量用很平静的语气说，那是奶奶帮人除草，一个小时15元，一点点攒的。

她爸叹口气，说，王小棉啊王小棉，你算算，奶奶的这1000元，是奶奶用了多少个小时的辛勤劳动才换来的？

王小棉说，哦，不就三个昼夜嘛。

她爸气得一下子跳起来。我赶紧将她爸支开。

然后，一个计划，逐渐形成。

国庆长假，带王小棉去爷爷、奶奶家。刚将行李安顿好，一个电话就打给了奶奶："你今天怎么没来除草啊？我们可是有过口头协议的啊，如果不按时完成你承包的除草任务，我可是要按规定扣你钱的！"奶奶接完电话，就一跛一跛的满院子里找小铁锹，找到之后，奶奶说："小棉啊，奶奶本来想给你做点你最爱吃的糯米汤圆的，可奶奶这……偏偏昨天晚上走路的时候没当心，一脚踩空，将脚给崴了！"

我赶紧蹲下去，拉起奶奶的裤腿，对王小棉说："天啊，都肿了！你这样子，怎么去除草啊。你该好好地在家里躺着才行！我和王小棉去帮你除草好了！"

奶奶慌忙说："这怎么可以！小棉这细皮嫩肉的，吃不了这个苦！"

我说："奶奶这你就小瞧你孙女了。我们家王小棉平时在路上遇到行走不便的老人家都要伸出手去帮一把的，何况自己的亲奶奶？"

王小棉将奶奶扶坐到椅子上，说："奶奶，平时我也照顾不上你，这次，就让我和妈妈去帮你完成除草任务好了。"

十月的乡村，仍然闷热。奶奶除草的工地在离家一公里之外的一处荒地上。出发前，王小棉从书包里掏出防晒油，将露在外面的肌肤细心地涂抹了。又准备戴上墨镜，我没让，我说你戴个墨镜还怎么除草？擦个汗都不方便！除草可不是兜风！

我掏出手机，给王小棉看了一下时间：上午九点半。我说："王小棉，咱们设置一个闹钟，等一个小时后闹铃一响，咱们就收工。"王小棉说："那还不快设？早点开工，早点收工！"

我将手套丢给王小棉，说："戴上！不然手上要起泡的！"

说干就干。除草这活儿，小时候我可没少干。可毕竟多年未曾干过农活，加之平时有些贫血，这蹲着一步步往前挪，还真够呛。再看那王小棉，一开始兴致勃勃的，速度居然不比我慢多少，但好景不长，还不到十分钟，就一屁股坐在新除过杂草的地面上，嚷着"不行了，不行了，再也不行了！"

我说："这可不行。才这么一丁点时间，奶奶可是一干就是两三个小时啊。”

在我的坚持下，王小棉咬牙坚持着。等到闹铃终于响起来的时候，王小棉也顾不得一贯追求的淑女形象了，一下子仰躺在地上：“今天可算是真正读懂了‘锄禾日当午，汗滴禾下土’了！”

我也躺下来，双臂枕在头下：“今天，咱们娘俩可是挣了 15 元呢！我看，时间还早，要不，咱们再干一个小时吧，好歹凑个整数，帮奶奶挣上 30 元再回去。”

王小棉利索地从地上爬起来，说：“我的妈啊你就饶了我吧，再干下去我可是要累趴下了啊。想想奶奶每天都这么辛苦地干，不过就挣这么一点点钱，我的心里，还真不好受。我过去太大手大脚乱花钱了。”

我坐起来，指着西南方向的一处孤零零的房子，告诉王小棉，这户人家的儿子，三年前大学毕业，原本在杭州找了个工作，在一个科研单位的实验室里洗瓶子，结果，他觉得大材小用，辞职走了人。可是，他看上的工作，人家看不上他。看上他的，他不是嫌苦就是嫌工资低。结果，一直到今年的八月份，他才终于在一个亲戚的帮助下，去了六合的一个乡镇企业工作。你知道他一个月拿多少工资？正好也是 1800 元！这 1800 元，真是每分钱都得花在刀刃上啊，他要租房，要吃饭，还有必不可少的人情往来，最关键的是，还要攒钱买房结婚……

王小棉听得一愣一愣的，质疑道：“1800 元一个月？妈妈，你不是在编故事吧？”

我说，你可以去爷爷村子里随便找个人问。千真万确。当然，要是他好好干的话，以后会加薪的。

王小棉陷入了沉思。

事后，王小棉将小铁锹扔下，依偎在奶奶身上，说：“奶奶，你真的太不容易了。”又拉着她爸的手，说：“爸爸我真的太不懂事了。我以后一定要改掉坏毛病，不然，我就成了令人讨厌的‘月光族’和‘啃老族’了。我要将剩下的钱，好好地规划好，争取做到不浪费一分钱。下个月，我也要过生日，我想好了，这次我就不搞生日 party、不收礼物了。而且我还要倡导我们同学以后也这样做。这可是我们最大的一笔开支呢。”

我们都欣慰地笑了。这堂体验课，还真没白上。通过这堂体验课，孩子懂得了劳动的艰辛，懂得了金钱的来之不易，这比单纯的空洞说教要有效得多。可不，回到家之后，王小棉就到班级群里，和同学们热烈讨论如何才能成为一个“财女”的话题去了。

6. “别人家的孩子”

博客真是个好东西，三转两转的，竟转到了三年前咱们南通市的中考状元心怡那儿。心怡如今也读高三，紧张的学习之余，仍坚持写博。翻看到 2012 年 6 月的博文时，我发现了当时读高二的心怡写的一篇当年的高考命题作文《忧与爱》。心怡写的这篇文章，文采飞扬，谈古论今，开阖纵横，说理充分，我爱不释手，遂下载了下来，准备让王小棉也好好读读。

在王小棉还没读到这篇文章之前，我忍不住又先推荐给了她爸看。她爸读一段，说两个字“天哪”，再读一段，再说两个字“天哪”。等到王小棉放学回来，她爸迫不及待地将文章送到王小棉的手里：“瞧瞧人家同学写的这作文！”

王小棉不乐意了。将作文往桌上一丢，看也不看一眼，就往书房走。她爸抓起作文，跟在后面追上去：“拜托拿出点谦虚的姿态来好不好？我看人家这篇作文写得就是比你强！你看这遣词造句，多精美？简直就是多一字累赘少一字没味。你再看人家引用的论据，随手拈来，不晓得读过多少经典。还有这结构，有起有伏，多讲究？”王小棉好歹站定了，从她爸手里接过作文，粗粗看了几眼，留下一个字的评价：“哦。”

我原本觉得她爸做得有些过了，但看到王小棉这种态度，忍不住也说了几句：“王小棉，怎么这种态度啊？这篇文章写得真的很好的，立意、构思、语言，都有可取之处，就连我们办公室的那些语文老师们，也都自叹不如呢。我下载了带回来，也是为了让你学习学习人家的优点嘛。”

王小棉沉着脸在餐桌前坐下，准备吃饭。她爸一边盛饭一边说：“摆张大臭脸给谁看啊？别人家的孩子一进门都高高兴兴的，都知道帮爸爸、妈妈拿双筷子洗只碗的，你倒好，连看一眼别人家孩子写的优秀作文都不愿意！”

王小棉闷着头吃饭。一句话也不说。我在桌子底下踢了她爸一脚。她爸也闷着头吃饭。

过了几日，王小棉说：“某某同学拿到某大学的校长实名制推荐名额了。可她的成绩并不是最好的。可是，人家的爸爸是某某长。”

又过了几日，王小棉说：“某某同学已经办好出国留学的手续了。原来我们还担心他那成绩怎么参加高考呢。可是，人家的妈妈是企业高管。”

再过了几日，王小棉说：“我们十八岁成人礼上发言的家长代表已经确定下来了，是某某同学的爸爸。某某各方面表现可不怎么样，可人家的爸爸是北大毕业生。”

她爸越听越不是滋味：“王小棉，你的意思是不是你爹我不是某某长不是名牌大学的毕业生，你妈她不是企业高管赚不了很多钱，所以，你就可以理直气壮地自甘平庸了？”

王小棉说：“现在本来就是一个拼爹的年代！就说你自己吧，一个班60多人你能成为考上大学的5个中的一个，本身应该是很优秀了吧？可你爹我爷爷他是个农民啊，你的起点低啊，所以，你现在还朝不保夕地在个半死不活的企业干。再说我妈吧，各方面条件也不错吧，可我妈也没个好爹啊，所以，到现在，还是个普普通通的小教师。你们自己想想，是不是有许多本身条件不如你们的但人家有个好爹好妈的混得比你们好？”

我和她爸面面相觑。

我迅速整理好思路，反驳道：“你说的确实是客观存在的一种社会现象。但是，我想，拼爹成不了主流。爹们总会落花流水远逝去，实力才是细水长流永流传的硬件。让别人拼爹去，咱们拼实力。”

王小棉翻出几天前我带回来的那篇作文：“对，拼实力。据我所知，这位中考状元的爹妈就都是普普通通的工人。可你知道人家的爹妈又有多么不普通吗？”

我和她爸都表示出了浓厚的兴趣。

王小棉说：“人家的爸爸，下班之后，立刻回家。从不在外面喝酒打牌洗脚K歌。实在有推不掉的应酬，也总在九点之前到家。”

她爸把头低了下去。

王小棉说：“人家的妈妈，从来不玩电脑游戏。女儿学习，妈妈也学习。女儿考了中考的状元，妈妈也拿下了好几个资格证书！”

我悄悄地删掉了电脑上的游戏软件。

王小棉说：“我们总是踮着脚尖张望远方的风景。总是身在此山而心在他山。难道，此山就没有美景？我王小棉就没有让你们称道的优点？哼哼，告诉你们，我的死党高高她妈就经常夸我，知道她是怎么夸我的？‘瞧人家王小棉，成绩比你好。瞧人家王小棉，跑步比你快。瞧人家王小棉，琴弹得比你好。瞧人家王小棉，口才比你棒……’”

她爸问：“那，咱们就安于现状，不和别人拼了？”

王小棉说：“爸你阳光点好不好？这个世界，本来就是一个充满了竞争的世界。一个缺乏竞争意识的人，是很容易被时代淘汰出局的。咱们当然要拼。妈其实说得对，咱们可以不拼爹，也可以不拼娃，但咱们一定要拼自身的实力。不能总是用别人的孩子来打压自家孩子的积极性。要善于挖掘自家孩子的优点和闪光点！咱们要互相鼓励，彼此欣赏，共同努力，齐心拼搏，拼爹拼娃一起上，这样才能实现我们的梦想！”

不得不承认，王小棉说得有道理。

咱们的孩子在和别人的孩子拼实力，咱们自己也不能闲着啊，也得陪着咱们的孩子，和别人的爸妈拼实力啊。娃和娃拼实力，爹和爹拼实力，这才是回归了拼的本质啊。

一年之后，王小棉接到了心仪大学的录取通知书。她爸筹办的厂子逐渐上了正轨。而我呢，评到了高级职称，还正在努力地写一本书……

7. 给挫折一缕微笑

王小棉“丢官”了。丢的也不是什么大“官”，政治科代表，可是，王小棉很沮丧。沮丧到甚至连饭也不愿意吃。

王小棉为什么“丢官”呢？因为老班忽然心血来潮，学期中途来了个民主竞选。一个班也就那么几十号人，谁有锦绣文章谁是腹中草莽，大家都心知肚明。然而，那么多的“官帽子”，都重归了旧主，只有王小棉的那一顶，成了香饽饽。

居然冒出了5个和王小棉竞聘的。居然票选的结果是6个人的票数都非常接近。老班很为难。老班决定委屈王小棉——举行这次民主竞聘，本就是为了在高中最后一年能给更多的孩子锻炼的机会。

对王小棉来说，结局是惨痛的——因为，王小棉实在是太喜欢当这个“官”了。或者说，王小棉做这个“官儿”做得太投入了。

王小棉其实从小到大当的“官”也不少，王小棉在意这个“芝麻官儿”，开初是因为政治老师“太帅了”。

记得王小棉当上“芝麻官”的那天，前所未有的兴奋。王小棉为了证明自己的兴奋师出有名，一把抢过我手中的鼠标，登录他们的校园网，搜索了一阵，找出一张合影来。王小棉说：“我们政治老师享有我们学校‘第一美男子’的美誉，现在我来考考你对美的鉴赏能力，看看你能否从这堆人里将我们周老师一眼找出来。”

我自然一下子就找了出来。虽是合影，却明明就是一个人的面部特写嘛。目光冷峻，线条刚性。我也说不清为什么这么冷峻与刚性的组合，为什么却又向外散发着儒雅与柔情。总之，确实配得上王小棉他们学校“第一美男子”的称号。

王小棉的鼠标，在“第一美男子”的面部激情指点：“我们周老师不仅人长得帅，那课，上得更帅。”怎么个帅法呢？王小棉说：“咱们周老师上课从来不用课本。”我摇摇头，说，这有什么帅的啊，一本教材教上几年，好多老师都能达到手中无书心中有书的境界。王小棉急了：“我说的不是这个！咱们周老师上课时从来没有固定的模式，什么都讲，时事评点，街巷趣谈，明星八卦，天文地理，无所不包，唯独就是不直接宣讲课本上的知识。你是不知道哟，每堂课，周老师在台上讲得眉飞色舞，我们在台下听得酣畅淋漓。真是过瘾得很！也不晓得以前的政治科代表吃错了什么药，居然在周老师的课上打瞌睡，嘿嘿，也幸亏他打瞌睡，不然我还当不了这个政治科代表呢。”

我很担心地问：“每个老师都有自己的授课风格，这个我能接受。但是，周老师不讲课本上的知识，你们考试怎么办？”

王小棉一扬眉，说：“妈妈你别担心。每次离下课时间还有 10 分钟的时候，我们周老师就会以一句‘吾又扯远矣’收尾，接下来的时间，就是我们自主学习和消化课本内容的时间了。听周老师‘扯远矣’可是有任务的，我们得从他所扯的众多内容中挑选出自己最感兴趣的，完成一篇政治小论文，第二天交给他批阅。写小论文要不要用到课本上的知识与原理？你不认真钻研，怎么可能会运用它们来剖析社会现象，分析和解决现实问题？何况，周老师的闲扯，看似离题万里，实则都是围绕着当天所要学习的内容。就看你会不会听了。至于考试嘛，你也别担心，我们班的政治每次考下来，都是年级里最好的呢。所以，我能当上周老师的科代表，我特自豪！”

过了几日，王小棉讪笑着告诉我：“今天挨老班批评了。因为我昨天晚上放学之前居然忘记布置作业了。今天早上，又忘记收缴作业了。唉，角色转换得不到位，科代表的责任意识淡薄啊。”我问：“那你们那位帅老师给你普读物‘卫生球’了没？”王小棉说：“怎么可能！为这么一点小事就对自己的科代表翻白眼的老师，能当选为第一帅老师吗？我们周老师说，感谢王小棉同学今天为我减负，可是，没有同学们的美作可以阅读欣赏，我浑身难受啊。所以，王小棉同学，你就行行好，苦我心志，劳我筋骨吧！”

据王小棉说，周老师身为特级教师，经常要外出开会。课怎么办？有时安排别人来代课，实在安排不过来的时候，周老师就会将自己要讲授的内容做好PPT，抽空先给王小棉讲一遍，然后让王小棉到时候代行师职。王小棉说，做周老师的科代表，没几把刷子，还真不成。几次小老师当下来，胆量啊，口头表达能力啊，对课本知识的理解与运用能力啊，还真的见天儿地涨。

可是，如此热爱这项工作的王小棉“丢官”了。王小棉能不郁闷嘛。

我开解道：“王小棉，你认真进行一下反思，竞选时冒出这么多竞争者的原因是不是因为你的科代表工作不尽职？”王小棉很坚定地摇摇头。我继续开解道：“机会均等，现在我们站在那5名竞争者的角度思考一下，他们当选为政治科代表之后，是不是也能得到和你一样的锻炼与提高？”王小棉说：“话虽如此，我还是心有不甘。”我笑道：“怕他们做得不够好？咱们虽然从幕前退到幕后，可咱们可以继续用一颗主角的心，来帮助他们唱做念打对不对？”

王小棉终于安然接受了被“罢官”的事实。安然接受了这一事实的王小棉，会在那5人任职期间，适时地提醒他们布置与收缴作业，在周老师外出需要科代表粉墨登场做小老师的时候协助他们设计教学流程，帮他们打气。在他们成功完成自己的科代表任务的时候，王小棉给他们真诚的掌声。

在这年寒假发放的成绩报告册上，老班给了王小棉这样的一条评语：“能给挫折一份阳光，一缕微笑；能给对手一份支持，一声喝彩，这本身就是胜利，是心的胜利。”

8. 与“亲密敌人”共同成长

能成为王小棉的好友的，基本上都有一个共同的特征——品行端正，但成绩平平。我曾非常不解地问王小棉为何不与那些各方面拔尖儿的同学交朋友。王小棉说，有压力。和一个什么都比你强的人走在一起，你就永远被遮挡在阳光外了。我说，如果按照你这样的逻辑，那么，一个人就很难交到朋友了。你的那些朋友，和你在一起的时候，她们也一定非常不开心，因为你将她们遮挡在阳光之外了呀。王小棉说，别人是怎么想的我不管，反正，我不喜欢和强人走得太近就是了。

但吴冕却是个例外。吴冕与王小棉的关系，用“亲密敌人”这个词来形容，是最恰当的。因为首先吴冕与王小棉是一对发小，从幼儿园小班开始就同班，两人形影不离，一直到小学毕业。读初中时，因为分属于不同的施教区，两人去了两所学校。但一回到家，两人还是喜欢一起看书一起玩耍。后来两人又考到同一所高中，高一时，两人很遗憾地分在两个班，但高二文理分科，两人又成了同桌。这关系，够铁够亲密了吧？同时，两人又是一对实打实的竞争对手。小学时，通常情况下，总是吴冕考第一，王小棉考第二。偶尔王小棉也有超过吴冕的时候，其时，王小棉必然手舞足蹈，高呼自己“人品大爆发”，或暗自庆幸“吴冕马失前蹄了”。也就是说，绝大部分的时间里，王小棉总是憋足了劲儿，死命追赶着吴冕。

总是做“二姐”的王小棉生性好强，屡次的挫败，让王小棉对吴冕又爱又恨。有一阵，王小棉甚至宣布自己将退出与吴冕之间的竞争，“反正也竞争不过她”。王小棉的这一思想动态，引起了我的高度关注——要帮助王小棉提高“挫商”。当然，要提高孩子的“挫商”，当妈的自己首先要提高“挫商”。“挫商”高的妈妈，会给孩子打气，而“挫商”低的妈妈，则会打孩子出气。我是如何给王小棉打气的呢？我给王小棉讲故事。

“知道沙丁鱼不？西班牙人可喜欢吃了，市场需求很大。但沙丁鱼的生存条件很苛刻，一旦离开大海，便难以存活。当渔民们把刚捕捞上来的沙丁鱼放入鱼槽运回码头后，过不了多久，沙丁鱼就会死去。而死掉的沙丁鱼味道不好，销路也差。倘若抵港时沙丁鱼还存活着，活鱼的卖价要比死鱼高出好多倍。为了延长沙丁鱼的存活期，渔民们想出了一个办法，将沙丁鱼的天敌鲇鱼放在运输容器里。因为鲇鱼是食肉鱼，放进鱼槽后，鲇鱼便会四处游动寻找小鱼吃。为了躲避天敌的吞食，沙丁鱼自然加速游动，从而保持了旺盛的生命力。如此一来，沙丁鱼就一条条活蹦乱跳地到达渔港。”

讲完故事后，我说：“王小棉，你看，和一个强有力的竞争对手做朋友，是一件多么幸福的事啊。武侠小说中那些顶尖的高手为什么喜欢给自己起个名号，叫独孤求败？因为没有对手。没有对手的日子是寂寞的，所以，他们迫切需要对手，迫切需要自己能被对手打败，这样才能激发斗志，才能更有利于自己的后续发展。”

王小棉若有所思。

我接着说：“所以，吴冕，就是大家都希望得到的那条凶猛的鲇鱼。你应该感到庆幸，更应该对这条鲇鱼心存感激。要争取做到和吴冕这样的‘亲密敌人’共同成长。”

针对王小棉的客观实际，我提出了以下的建议：

首先，要敢于直面竞争。竞争无处不在，无时不有，所以，敢于竞争，乃是一个现代人必备的素质。如果对竞争心存恐惧，那么，等待着可怜的沙丁鱼们的，就只有死路一条了。只有勇敢地面对竞争，才能保持旺盛的生命力。能成为你的竞争对手的那个人，一定在某些方面比你强，但是，你的身上，肯定也有强过对手的地方。所以，要树立自信。不要妄自菲薄。勇敢与自信，是一个人通向成功的通行证。

其次，要虚心向竞争对手学习。比如，吴冕的作文为什么写得那么出色？是因为她多年如一日，进行广泛的阅读，并且，每天坚持写日记。日积月累，自然高人一筹。还有，吴冕在同学中的威信为什么那么高？是因为吴冕对自己要求就很严格，要求别人做到的，吴冕自己肯定先做到。竞争对手是敌人，但又不是敌人。只有怀着向竞争对手学习的良好心态，你才能走近竞争对手，才能客观地感知到对手身上的闪光点，才能成为竞争对手的好朋友，也才能在此基础上逐步完善自己。

再次，当竞争对手取得成绩时，要真诚地为竞争对手喝彩。当自己在竞争中暂时处于劣势时，不能被妒忌的不良情绪所控制，要保持良好的心态，认真分析，及时总结，调整方法，这样才能拉近与竞争对手的距离。

最后，和亲密敌人共同成长，一定要处理好合作与竞争的关系。竞争，并不排斥合作。在竞争过程中，作为对手，也要互相理解，互相宽容。需要交流信息，需要互相鼓励与支持。需要相互学习，取长补短。只有做到在合作中竞争和在竞争中合作，才能达到双赢或多赢。

调整了心态的王小棉，积极行动起来：闲暇时，不再窝在沙发里做电视土豆，而是捧一本书，享受阅读好时光。新备了一本厚厚的笔记本，每天也开始写起了日记。老师布置的数学作业完成后，自我加压，再另外找其他的题目做。开始看英文原著……当然了，王小棉也没少帮助自己的“亲密敌人”，每个周末的清晨，王小棉都要喊上吴冕，两人一起围着街心公园跑步，因为吴冕体形偏胖，懒于运动。吴冕生病请假时，王小棉帮吴冕抄好笔记，送到吴冕家，再一条条地讲给吴冕听……

9. 一枝独放不是春

每逢 11 月，期中考试前，王小棉她们就会迎来一年一度的“校园文化艺术节”。既是文化艺术节，各班的才艺大比拼那是必不可少的。作为班级的文艺委员，每到这个时候，王小棉既是导演，又是编剧，有时还得兼任剧务，忙得四脚朝天。原本学校对高三 20 个班的要求并不高，只要能有个积极参加的姿态就行了，老班也对王小棉表达了随便报个独唱独舞或独奏什么的就 OK 了的意思，但等到王小棉回到教室一传达，全班同学几乎一致反对——高中生涯中的最后一次文化艺术节，怎么着都得来个漂亮的集体大亮相！

这也正是王小棉的意思。于是，王小棉和她的智囊团们展开了热烈的讨论，最后敲定了以弘扬汉文化为主题的集体大亮相节目——“汉风汉韵，魅力长存”。给老班报批，老班不忍打击大家的积极性，当即表态说，费用方面，我来统筹安排。而且，到时候，我也要带着我的任课老师团队粉墨登场。

主题确定下来之后，就得进一步落实具体的实施方案了。根据以王小棉为首的“高三（16）班参赛组委会”的计划，届时，高三（16）班的全体师生将要身着汉服，演习汉礼仪文化。集体朗诵苏轼的《赤壁赋》的同时，辅之以茶道与剑道表演。那 60 套汉服，从何而来？王小棉整日眉头紧锁，每天放学回家，不是忙着复习迎考，而是一头钻进我的书房，趴在我的电脑前，到处搜索能租借到汉服的信息。

某日，终于搜索到一家可以租赁到汉服的小店，可是，这家租赁店，远在上海。其时，王小棉她爸正在遥远的青海出差，远水解不了近渴，而我，忙于期中考试的命题、制卷与复习，又实在抽不开身。时间紧迫，王小棉咬咬牙，说："豁出去了！我决定，明天就向老班请假，我要亲自去上海，和租赁店的人面谈价格，并付款提货！"

我有点着急："王小棉，你要想好，不说你从来没有单独出过远门，也不说这一来一回会耽误多少时间，咱们就说这压价和提货，你觉得你一个小小的中学生，能应付得过来？当然，妈妈不是不相信你的能力，人的潜力是无限的，逼一逼，说不定也就真能将事情办成了。我想提醒你的是，你不要大包大揽，要充分发挥大家的力量，要和大家合作。全班 50 个人呢，50 个人的身后，还有好几十个家长呢。每一个家长的身后，还有众多的亲朋呢。多丰富的人脉资源啊，你为什么不把大家都发动起来呢？"

"谁想大包大揽啊，本来我想发动班长和我一起去上海跑这一趟，可班长她妈妈不同意啊。我不是文艺委员嘛，唉，我不去上海，谁去上海？方案已经报送上去了，要是到时候没有演出服，多狼狈？总不能让大家穿着灰头土脸的校服上去吧？所以，我就想多承担一点。不过，妈妈，你刚才的建议，还真的可以一试。我这就去班级群里呼吁大家有力出力去。"

"这就对了。这不还有好几天嘛，实在没有办法的话，咱们娘俩哪怕连夜赶过去也是来得及的。我也帮你到我们家长群里喊几嗓子去。我相信问题会得到顺利解决的。"

也不过就半天的时间，看似非常棘手的问题，解决了！有个家长提供了一个非常有用的信息，通城行政新区里，就有这么一家汉服租赁店！王小棉她们得知消息后，欣喜若狂，问清地址，全体班委利用晚上放学后的时间直奔租赁店而去。

据王小棉说，看店的是一个中年女人，一上来就咬定每套服装租金 50 元。60 套，3000 元，一分都不能少。奈何她今天遭遇的这个砍价团，可是一个精英团队。在去租赁店的路上，王小棉他们就已经进行了分工协作，并商量好了砍价的若干策略。班长从店里的两面小国旗夸起，夸女人有一颗爱国心。所以，一定会不遗余力支持一切爱国行动。副班长则盯住女人身上的服饰不放，谦虚讨教女人的扮靓心经。王小棉呢，夸女人有经营眼光，对弘扬汉文化做出了不小的贡献，比起铜臭小商人有风骨。体育委员则负责哭穷，说班里每一分班费都来得不容易。学习委员呢，环顾四周后，说阿姨你这店里美中不足的是缺了书画，要是你信得过我的话我帮你写上一副字给你挂上？我的书法可是得过省里的大奖的。就在女人准备松口降价的时候，女人的老公出现了，让女人赶紧回家去，似乎是家里的宠物狗有了什么毛病。女人离开之前对着老公悄声叮嘱道："对付这帮T中的孩子，你可不能心软啊，太厉害了，你一心软，他们都能把你给卖了！"

让王小棉他们都想不到的是，结局简直是太完美了——女人的老公说，既然你们也是为了弘扬汉文化，那么，我可以一分钱也不收取你们的。但我有两个条件，第一，你们要保证衣服一件不能少，一件不能毁损。第二，如果到时候有电视台和报社到你们学校报道你们的节目，你们要争取让我的宝贝们多上几个镜头，或者在报纸上多介绍几行字。

第一条不难，第二条，也不难！不是有庞大的家长后援团嘛！家长群和学生群两个群里一问，嘿，数学科代表她亲爹就是通城广播电视报的大主编！

为慎重起见，男店主承诺说，演出前一天，他将亲自租车将60套服装送到学校大门口。王小棉她们那晚是一路唱着歌回家的。

转眼到了表演那天。据王小棉介绍说，他们班一出场，就全场惊艳，掌声如雷。老班高挽云髻，穿一身对襟儒裙，袅袅娜娜，走在最前面。而他们班素有"T中第一美男子"之称的政治老师则一身朱子深衣，手摇折扇，玉树临风，紧随其后。其他人等，女生们或曲裾或半臂，男生们或短打或直裾，好一派"汉家儿女风姿俏，羽扇纶巾吴带飘"的旖旎风光！诗朗诵《赤壁赋》更是盖了。哪里还需要什么配乐？高三（16）班，有的是这方面的人才：竹笛悠扬，古琴悠悠，洞箫如诉……

王小棉代表班级如愿捧回了这一届校园文化艺术节的金奖。领奖的那天，王小棉手捧奖杯，朝着高三（16）班所在的位置深深地鞠了一躬，发表了她的获奖感言：“一枝独放不是春，百花齐放春满园。唯有合作，才能增强凝聚力；唯有合作，才能集思广益；唯有合作，才能优势互补，迎来胜利。所以，我要感谢我们高三（16）班的所有成员，因为大家的通力合作，我们才形成了一个坚强有力的战斗集体！”

10. 树立正确的公平意识

周末，正在午睡，手机响了，按下接听键，里面传来了王小棉气急败坏的声音："老妈！我吃了人生中第一张罚单！我身上没带钱，你赶紧带上20元罚款来救我！否则，交警要扣下我的车！"

我问清王小棉所处的方位，赶紧开上车，往王小棉说的那个路口奔。

王小棉从我手里接过20元，气呼呼地指着不远处的一个交通协警："我可以交这20元罚款，可是，妈妈，我不服！人民警察应该代表着公平与公正，可是，他让我很失望！"

我赶紧将王小棉拉到身边，问："这是怎么了？一个小淑女，怎么就像吃了火药似的？"

王小棉委屈得眼泪都要流下来了："就这个路口，我左拐时图方便，就没到马路对面去，而是跟在其他几个骑电动车的人后面直接往前骑，逆行了才不到10米，就被这个交警拦了下来。我知道我自己肯定做得不对，但是，当时，有好几个人都这样逆行的，凭什么他只抓我一个？还人民警察呢，我都替他害臊！"

那交警见怪不怪，朝我敬了个礼："这位女士您好。请您配合教育您的孩子要遵守交通法规。逆行是一种危险的交通行为，极有可能给自己和他人带来交通安全隐患。希望这张罚单能让您的孩子记得，任何时候，都要遵守公共生活秩序，树立规则意识，做一个文明交通人。”

我还没开口呢，就听王小棉抢白道：“规则意识？我看最要树立规则意识的人是你！这个社会上，最重要的规则是什么？我告诉你，是公平！是公正！请问，你有这样的规则意识吗？你为什么对在我前面逆行的那几个人视而不见，单单冲着我而来？我恳请尊敬的人民警察同志给我一个满意的答复！”

我赶紧将王小棉拉开：“怎么能这么和警察说话？忘记一个女孩子应有的礼貌与礼仪了？”

王小棉哼了一声：“那得看对什么人！礼貌与礼仪也是相互的！”

就在这时，路口又出现了两个开着电动车逆行的人。那交警迅速抛下我们，招手拦下了打头的那个人，后面的那个人一见情况不妙，也不管交警在后面喊叫，车头一转，开足马力，往反方向逃走了。

只见王小棉早就失去了该有的立场，对着那个逃离的背影做了个V的手势：“耶！”

我苦笑：“王小棉，你自诩是公平、公正的尊崇者，可你竟然公然在为那些触犯规则的人叫好？刚才的这一幕你也看到了，你自己说，刚才那人的逃掉，是不是因为交警的主观徇私？如果此时站在这个路口执勤的是你，你会不会因为其中一人逃掉了，就放弃了对另一个人的处罚？如果交警这样做了，那么，执法不严违法不究，对广大的市民而言，是不是更加严重的一种不公平与不公正？”

王小棉捏着那20元，不语。

我将遮挡在王小棉额前的一缕头发撩起：“听话，将罚款交了。什么是公平？公平就是处理事情合情合理，不偏袒任何一方。我给你讲个故事。有个学校里，每年都要推选市级三好学生的候选人。有个女生，各方面条件都非常优秀，自以为这个市三好生的名额非她莫属。可是，名单公布出来之后，她哭了，因为被推选的是一个各方面条件都不如她的学生。她鼓起勇气，敲开了校长办公室的门，对校长说，这太不公平了。校长笑着对她说，你的竞争对手是个小儿麻痹症患者，上下学都离不开轮椅，为了能减少上厕所的次数，她甚至连水都不敢喝。但是，她还能有这么好的成绩，是不是很不简单？如果单纯比成绩，你确实比她优秀，将名额给了她，对你来说，是有点不公平。但是，你设身处地地为她想一想，老天爷给了你健康，却给了她残缺，是不是也是一种不公平？妈妈讲这个故事给你听，其实是想告诉你，这个世界上，从来就没有绝对的公平。公平是相对的。所以，面对不公平的现象，不要一味地怨天尤人甚至打击报复，要学会接受，学会宽容，学会泰然处之。你今天冲着交警叔叔发火，可是有点不太理智哦。”

王小棉摇摇头：“可是，如果人人面对不公平的现象都仅是接受、宽容与泰然处之，那么，不公平现象将永远是不公平现象！”

我说：“是啊，所以，我们对不公平现象抱有接受、宽容与泰然处之的态度的同时，还要努力追求公平，为营造一个公平的环境尽其所能。如果一个人对不公平现象只停留在抨击的层面，那么，他充其量只能算是一个愤青。一个真正富有社会责任感的人，除了能清醒地看到不公平，还要能悬壶济世，能开出改变这种不公平现象的处方。”

王小棉的脸色，开始由阴转晴，终于走上前去，将那20元的罚款交给交警：“现在，我要为自己违反交规犯下的错买单，我接受您的处罚。还有，我决定宽容您的处罚的有失公允，因为您并不是在执法时不秉公断案或徇私舞弊。我还想提个建议，能否请您就站在这个路口执勤？当发现有人有逆行倾向的时候，您只要摆动一下您的手臂，或者动用一下您的嘴巴提示一下，我相信是可以消除这个路口的逆行现象的。毕竟，善意的提示，要比冰冷的处罚有效得多！”

交警收下20元的罚款，呵呵一笑，对王小棉的建议，不置可否。

王小棉想了想，转身对我说：“妈妈你说得对，我还得为改变不公平现象做点力所能及的事。所以，我要站在这个路口，做一回志愿者，提醒过路行人，不要违反交规。不给交警叔叔提供‘不公平处罚’的机会！”

一小时前还愤世嫉俗的王小棉终于能理智对待社会生活中的不公平，并且能为改变不公平而努力了。我心花怒放地表示，对她的这一想法，我一百个支持。

11. 理智看待社会阴暗面

三月。北京某地铁站出口。

一个黑而精干的短发女人露出一脸笑容，迎着正在四处寻找公交站牌的我们走过来："去哪儿？坐我车走吧。"

女人点火，踩油门。王小棉她爸说了我们要去的那家宾馆的名字。女人一副自来熟的口气："我说这位大哥，你怎么订了那家宾馆啊？"

王小棉她爸说："怎么？那家宾馆不好么？我是在网上订的。具体情况还真不懂。我们要赶明天一大早的飞机回江苏，寻思着只要靠近机场就行了呗。"

女人说："我也说不好。不过，我上次拉了个客人，住的就是你们要去的那家宾馆。那客人说，什么破宾馆，网都上不了，害得他出来四处找网吧收邮件。"

王小棉她爸说："上不上网的，这倒不妨事。横竖就一晚上。"

女人不作声了。

过一会儿，王小棉她爸没话找话："师傅，你明天一早能不能到宾馆门口接我们去机场？我怕打不到车，会误事。"

女人一听，来了劲："大哥，别的地儿，我立马答应你。就这个宾馆，不成。我们开出租的，都不去那个地儿的。路况很糟糕，车进不了！”

我和王小棉一听，急了：“你怎么订这么一家宾馆啊，换一家！”

她爸说：“要不，师傅，你帮我们推荐一家？条件好点的，一定要能打到车的。贵点没关系。”

女人想了想，说：“机场附近啊，我倒是认识一家。条件好得不得了，价格又便宜，而且，出门左拐，就能看到机场的大门，三五分钟就能走到机场。”

王小棉说：“太好了！我们就去这一家！”

女人说声：“好咪！”方向盘一打，车就驶上了另一条道。

路越来越窄，越来越颠。车窗外，渐渐出现了断壁残垣。王小棉叫道：“北京怎么还有这种地方？我们要去的宾馆怎么会在这种地方？”

女人说：“这您就不知了，这个机场马上就要停用了，这边的建筑，全部要拆了。所以，这边的宾馆，都这样。”

都什么样呢？当车停下来，我们一看，宾馆四周，居然全是砖头瓦片。我们正迟疑着要不要下车，女人已经将车停下，说：“这么晚了，也不晓得里面有没有空房。我先进去帮你们问问啊！要是没有房间了，我就拉你们去另一家。”

女人关上车门，进去了。王小棉情不自禁夸赞道：“多热心的北京出租啊！”

过了好一会儿，女人从里面出来，将车熄了火，说：“没问题，可以入住的。我陪你们登记去。”

此时，时间已经到了晚上9点。一看价格，不便宜啊，280一间！两间560，可就超过了我们的心理承受能力了。我便说：“不住了。走吧。”

女人一见，很热心地帮着我们斡旋：“反正人家也是一家三口，就让他们住一个标准间好了嘛。”负责登记的两个年轻人一脸为难的表情，迟疑了将近三分钟，才终于松了口。

住吧？人家女出租车司机那么热情！

上楼，打开房间，顿时崩溃：一间逼仄的房间，塞了两张小床。一张破旧得应该出现在垃圾场的方凳上，搁着一只同样破旧的屏幕超小的电视机。墙纸上，遍布来历不明的污渍。推开卫生间的门一看，更抓狂：一只马桶，污秽不堪。一只垃圾桶，里面塞满了我们的前任住客扔下的一盒方便面。牙膏牙刷沐浴露？没有！浴缸浴巾淋浴房？没有！就连热水，也没有！上网？做梦！

王小棉已经抹开了眼泪。说：“我不要住这个鬼地方！”

很明显，我们上了刚才那个黑出租的当了。她肯定是这家宾馆的托儿。怎么办？我们俩想了想，劝王小棉道：“钱都已经给了，谁知道还能不能要回来？再说天这么晚了，我们又人生地不熟的，折腾到什么时候才能找到合适的宾馆？就将就着住一夜吧。”

王小棉提醒我们：“既然那个女人把我们骗到这个鬼地方，那么，现在，我严重怀疑她所说的宾馆离机场很近是不是真的！”

我俩一听，面面相觑。

我对她爸说：“要不，待会你辛苦一下，出去侦查一下路线？”

一个小时后，她爸筋疲力尽地回来了：“上当了！我来回花了一个小时，要是换成你们俩，从这走到机场，至少需要四五十分钟！”

王小棉气呼呼地钻进被子里。半晌，伸出头来，说：“真没想到北京人会这么卑鄙！如此坑人，连一点公德心与廉耻心都没有！我对北京真是失望透顶！这么龌龊的人，这么灰暗的城市！真没想到社会这么阴暗！”

我轻轻拍拍王小棉的肩，说：“社会很复杂。有真善美，也有假恶丑。你平时生活的环境比较单纯，今天见识一下社会的阴暗面，我倒认为并不是坏事。其实，我们自己也有责任，那就是缺乏一定的警惕心，太过于轻信别人，给了黑出租以可乘之机。但是，不管如何，我们还是要将心灵的摄像头对准生活中美好的一面。只有一个人的心灵足够美好，他才能发掘出生活中的美好，也才能创造出更多的美好。咱们看问题可不能片面，不能因为一个无德的出租车司机，就进而全盘否定了整个北京的美好形象。更不能因此产生对社会和对他人的不信任感，甚至产生报复社会的念头。要相信公平与正义的力量，像黑出租这样的人，迟早是会遭到生活的处罚的。”

王小棉的情绪渐渐恢复了平静。

当孩子与社会阴暗面狭路相逢，作为家长，一方面不能粉饰太平，消极回避，另一方面又要注意不能过于夸大阴暗面的负面影响，而是要引导孩子以阳光的心态，理智地看待社会阴暗面。记得北岛有句很有名的诗："黑夜给了我一双黑色的眼睛，我却用它来寻找光明。"北岛的这句诗，为什么被人们奉为经典？因为，他不仅指出了黑暗的存在，他还为黑暗注入了理性和希望的光！

12. 学　会　爱

周五晚上，王小棉布置给我一个任务——“一定要好好劝劝佳茹，她现在都快四面楚歌十面埋伏了。”

我为难地说，你如此信任我，我很高兴。可是，你总得让我知道佳茹的“病因”吧？

王小棉叹口气，说，本来，这些应该让佳茹自己说的。可是，估计她不会主动开这个口。还是我讲给你听吧——

英语课上，大家都在做听力测试，佳茹却在聊手机 QQ。我用脚踢踢她，提醒她好好听课，她不理我。老班那天在教室外巡视，结果可想而知，手机被老班没收了。

佳茹带手机进课堂，不是第一次了，老班不知道而已。别人要是带了手机，都是偷偷摸摸的，佳茹却不。记得有一次，佳茹公然在班级上展示她用手机拍摄的照片。有同学提醒她，佳茹很不屑地说：“你告老师去？我就带手机了，怎么着吧？”

谁没挨过老师的批评啊。我挨批评的时候，都面红耳赤恨不得把头埋到桌子底下，佳茹却不。有一次，英语老师在班上说，这次作业态度不认真的同学，有某某某，某某某，还有佳茹。这有什么啊，英语老师也没说什么刺激性的话啊，可是，佳茹却大声哭了起来，然后，当场对英语老师说：“你不爱我。你对我有偏见。你瞧不起我。”下课后，佳茹又当着全班同学的面，宣布说，她恨英语老师。这件事后来不知怎么的就传到了英语老师的耳朵里。英语老师想找佳茹谈谈，佳茹都不去。到了后来，我们班所有的任课老师都不敢批评她了。

佳茹看到老师们渐渐地都不怎么批评她了，又不高兴了。于是，佳茹开始想方设法吸引大家的注意了。譬如，我们班女生要么留短发，要么扎一根清清爽爽的马尾辫，佳茹不。佳茹的头发，一向是长而凌乱的，几乎遮盖住了眼睛，两耳边，还各有一缕长长的头发垂向双肩。老班托我提醒她几次，她都听不进去。还有一回，还是暮春时分，天气尚凉，佳茹居然穿了一双粉红的露趾坡跟的凉鞋上学。做操的时候，被老班发现了。老班这回没忍住，批评了她，并要求她中午回家换成运动鞋。也不晓得佳茹怎么想的，老班的这个要求，她就是听不进。结果，下午的体育课上，跑步的时候，将脚崴了！脚背肿得高高的，一瘸一拐的，连上厕所都要我搀扶着，真是又可怜又可恨。

还回到手机上来啊。佳茹的手机被老班没收后，心里很是害怕。就借了亲戚的手机，给老班发了条长短信：我小学时老师们都很爱我。可是，现在，我再也得不到老师的爱。你每次批评我，我都觉得自尊受损。我从小就是一个被老师宠爱着的学生，可是，现在，要变成我去主动爱别人，我做不到。因为我根本就不知道如何去爱。

王小棉讲完，将信任的目光投向我：“妈妈，你一定要帮她。看着她每天那么不开心，我好心疼的。”

我问：“你为什么不试着由你自己直接劝说呢？我相信你是有这方面能力的啊。”

王小棉摇摇头：“我试过了，效果不大。你是老师，这么多年，形形色色的学生你都见识过了，你来劝，说不定会有用的。”

我想了想，说：“那你邀请她到我们家来做客，我和她面对面聊聊吧。”

佳茹来了。果然一头乱发。细看佳茹的眉眼，其实是个长相挺甜美的女孩子。佳茹夸我做的菜“有妈妈的味道”，我的心一动，问：“为什么不和妈妈一起住？”佳茹咬咬牙：“她的眼里，只有钱！长年累月在外面跑，把我丢给舅舅！”

我找来王小棉的一只卡通发夹，将佳茹额前的头发别上去：“所以特别渴望被人爱是吧？哟，你的额头又光洁又饱满，将它全部露出来会更好看呢。这么漂亮的小女生，难怪你小学的老师把你当女儿一样疼呢。”

佳茹噘起了嘴：“可是，现在，除了王小棉，几乎没人爱我！”

我说：“怎么会！老师们都是爱你的啊。因为，老师的批评，其实就是一种爱。所谓爱之深责之切嘛。如果老师拿你当隐形人，对你的缺点和不足不闻不问，那才是一点都不爱你呢。你说你感觉不到别人对你的爱，那么，我问你，你让你的老师和同学感觉到你对他们的爱了吗？”

佳茹不好意思地说：“我想爱他们，可是，我发现我好像患上‘爱无能’了。我不懂得如何去爱人了。”

“人呢，不能活得太自我。心里得装着别人。要得到别人的爱，得先学会爱别人。爱人，并不是一件多么艰难的事啊。就拿爱老师来说吧，作为一个老师，我觉得，学生的理解与尊重，就是对我们的爱。如果你做到了这一点，老师自然也会爱你呀。对同学示爱的途径，就更多啦：互相帮助，彼此支持啦，宽容啦，诚信啦，能换位思考啦。在爱人的问题上，可不能只想索取而不付出。还有，要得到别人的爱，我们自己一定要练好内功，要让自己变得‘可爱’。用种种另类的方式来证明自己‘很不平凡’，‘敢于与校规校纪叫阵’，其实是一种自卑情结在作怪。这样做，可能只会让自己变得‘可怕’，遭众人冷落，那滋味可就不好受了。可爱的女生，可都是自信的哦。”

佳茹说：“我明白了。阿姨，谢谢你。我想，我会用你教给我的克服‘爱无能’的几个关键词——理解，尊重，互助，宽容，诚信等去主动爱人。相信我，我会在今后尝试着去‘练好内功’——好好复习，迎接高考，再不分心，遵规守纪，自尊自信，加强道德修养，注重礼貌礼仪的。”

我、佳茹和王小棉三人将双手叠加紧握，异口同声地说：“佳茹，加油！”

5

第五章　你也可以是“学霸”

——方法，真的很重要

导读：也许，你对“别人家的孩子”总是心怀羡慕，“家有‘牛娃’”，这是不少家长的梦想。如果说每个孩子都是一架好琴，那么，只有当它能与一双巧手——好的学习方法与技巧——邂逅，才能共同奏出美妙的乐章。方法得当，事半功倍。技巧如同敲门砖，能帮助孩子叩开知识的大门。那么，那些传说中的“学霸”与“牛娃”是怎么炼成的呢？

1. 炼就一双慧眼

教书二十年，学生数千。纵观每一届“学霸”，发现他们虽各有千秋，有一点却相同：都有一双会说话的眼睛。

就说“学霸”帆帆吧。帆帆之所以被称为“学霸”是因为帆帆百考不倒。大考小考，帆帆都稳居第一。这不，这次高考，帆帆所在的T中，四个文科班，帆帆又毫无悬念地考了最高分。曾和帆帆在初中时做过同班同学的王小棉羡慕嫉妒恨地说，她的分数，肯定能上北大了！

每个任课老师从帆帆所在的班里走出来，都会心情愉悦。愉悦的原因是刚才的45分钟里，帆帆的一双眼睛，始终在与你进行着交流与互动。帆帆长着一双会变形的眼睛。老师们在讲授新课的时候，帆帆的这双会变形的眼睛，就会一刻不离地盯着你，让你不敢有一丝一毫的马虎与疏忽。讲授的内容轻浅的时候，帆帆的眼睛是一弯月牙儿，眯成一双逗号，充满了笑意：老师，这个我懂了，请继续。内容有了些难度的时候，那双眼睛就成了两只滴溜溜转的黑葡萄，状似两只感叹号，充满了求知的欲望：老师，这个我还有一点疑问，请您放慢点进度。而当讲授的内容继续往纵深方向进一步发展的时候，那双眼睛，就会变成两只可爱的小三角，和微蹙的眉头一起，形成两只大大的问号：老师，能否再给我们讲一遍？貌似我们还没懂！

眼睛是心灵的窗户。通过课堂上与老师眼神的对接与交流，能让老师在第一时间里掌握到其教学效果的信息反馈，并迅即做出调整。而在一般情况下，老师们的反馈渠道往往是滞后的，通常是依靠学生的作业完成情况来完成的。

“学霸”们还有个共同的特征，能对老师的课堂提问，及时做出反应。每个老师，在他的教学设计中，都会出现层层递进的设问。通过这些设问，来了解学生对知识点的理解程度和运用能力，从而对自己的教学进行进一步的调整与完善。每次老师抛出问题，帆帆总是能及时做出回答。而更多的孩子面对课堂上随时可能会出现的大众性的提问，是懒得开口去回答的。不管问题简单还是复杂，帆帆总会尽其所能地去思考，并大声作答。但凡有老师要对外开公开课，都喜欢选择帆帆所在的班级。因为有帆帆在，课堂气氛就不会死沉。不管你抛出什么高难度的问题，起码，有帆帆在，有帆帆和你积极互动。帆帆总会在老师陷入教学冷场时充当及时雨，并成功救场。

帆帆很快就给各科老师留下了深刻的印象。老师们对印象深刻的孩子的关注程度肯定是不一样的。机会，对于每个学生来说，都是均等的。但有一点你不得不承认，每个人的努力程度不一样，所得到的关注程度自然也不一样。

所以，下课了，任课老师们通常是不急于离开教室的，而是站在讲台前，一边收拾教具，一边拿眼睛朝着帆帆的位置张望，为帆帆停留几分钟。帆帆也从不客气，总是快步走到老师面前，将上课时暂时还不能理解的问题提出来，请老师讲解。

很多家庭为了提高孩子的成绩，不惜花很大的代价去报名参加各种各样的补习班，一对一的补习班尤其受到有一定经济基础的家庭的青睐。帆帆区别于其他“学霸”的典型特征，就是帆帆从来不上补习班。并不是帆帆是天然的“学霸”，帆帆也会存在知识上的缺漏，不过，你看，帆帆每天课后抓住老师不放的及时提问和老师当场的讲解，可不就是那种一对一的精心辅导？其实，每个孩子都有这样的机会的。问题是，你能不能很清楚地知道自己在刚才的45分钟里，听懂了多少？有哪些内容还比较模糊？哪些内容是压根就不懂的？如果你连这个也懒得去梳理和思考，你又怎么会赢取到老师免费提供的这种一对一的辅导机会呢？

帆帆的作业，也非常认真。老师们布置的作业，往往是有梯度的。对帆帆这样的优秀生，老师们的要求是你可以自己把握，那些基本题，你可以不做。但是，帆帆从来不会拖欠任何一次作业。即便是最简单的题，帆帆也会非常认真地做好。帆帆的理由是，我并不认为做简单的题会浪费时间。因为越是简单的题，越是能考查出你的基本功扎实不扎实。不肯好好打基础的人，是看不到高处的风景的。因为课堂上的听讲精力高度集中，课后又能及时找老师释疑解惑，所以，帆帆总能在很短的时间里完成老师布置的作业。帆帆并不仅仅满足于老师布置的作业。帆帆还会主动去网上找一些难度比较大的题来做，以求见多识广，挑战自我。

可见，要成为像帆帆这样的“学霸”，得先从炼就一双会说话的眼睛开始。

这双眼睛，能时刻提醒自己，当前最核心的任务是什么。所以，课堂上，才能跟老师的眼神保持可持续对接。一双眼睛滴溜溜跟着老师转，你哪里还能分心？还能让自己受到其他因素的干扰？坐在帆帆左侧的男生飞飞也有一双滴溜溜的眼睛，但那双眼睛不是跟着老师走的。教室里飞来了一只蜜蜂，这双眼睛跟着蜜蜂走；旁边有同学在做小动作，这双眼睛跟着同学走。所以，飞飞的成绩，与帆帆有着天壤之别，这又有什么奇怪的呢？

这双眼睛，还要能善于发现自己知识上的缺漏，不能将自己的这些缺漏轻易地放过去。老师们其实最喜欢的就是喜爱提问的孩子。被问倒，是老师的难堪，但同时更是老师的幸福。作为老师，我有一个切身的体会，那就是学生们“没有问题，才是最大的问题”。

当然了，要成为“学霸”中的“学霸”，你还得像帆帆那样，眼睛里要充满探索新知的欲望与不断挑战自我的勇气！

如果你能像帆帆这样——态度端正，方法得当，又肯勤奋努力，你离“学霸”，就近了！

2. 习惯与差异

王小棉班上有对双胞胎，姐姐小名叫双双，与妹妹李李长得就像是从一个模子里刻出来的，唯一的区别是双双的左眼下侧有一粒细小到几乎可以忽略的小痣。这对双胞胎，就连生病，似乎也是约好了的，通常是双双打喷嚏，李李马上跟着就感冒。李李喊头疼，双双马上抱着脑袋叫。

按道理说，这对双胞胎的学习成绩，应该也是差不多的吧？是，小学和初中，每次考试，两人的总分最多也就两三分的差距。然而，进了高中之后，双双和李李的差距却不知不觉地拉开了。一开始谁也没在意，都以为是偶然的。等到高二、高三两学年连续多次出现双双领先李李将近 20 分的差距后，两人的妈妈，着急了。

妈妈先问双双："李李怎么回事？"

双双说："妹妹上课喜欢和同桌讲话。"

妈妈找到班主任，好说歹说，班主任终于答应调整座位，让李李一个人坐。可是，差距继续存在。甚至还出现了拉大的趋势。

妈妈再去问李李："你怎么回事？"

李李说："一个人坐，孤独。学习上有问题，也没个人可以讨论。"

妈妈找到班主任，赔尽笑脸，好不容易说通了班主任，让李李与我们家王小棉做了同桌。好了，现在李李成了王小棉的同桌了，不孤独了，有问题也可以和王小棉讨论了，和双双之间的差距应该缩小了吧？可是，差距仍然存在。甚至，小姐俩一起去上海参加某高校的自主招生考试，姐姐顺利入围，而妹妹，却铩羽而归。

姐俩的妈妈问王小棉：“李李到底怎么回事？”

王小棉说：“其他还好吧，就是李李一遇到点难题就总喜欢问别人。双双不同。双双喜欢独立思考。双双实在想不出来了才和我们讨论。”

妈妈苦笑了。李李虽说是妹妹，其实也不过就比双双晚了半个小时出生。但就是这半小时，李李成了妹妹，从小就跟着双双跑，出现了问题，李李是懒得去动脑子的，每次总是问双双。比如，小时候，有一次，双双见到爸爸回来了，就得意地冲着李李说：“我爸爸都回来了，你妈妈呢？”李李是懒得去思考这个很简单的问题的，而是马上就如同一个弃儿一样地放声大哭。

如今，在学习上，李李也出现了这样的依赖心理，这可怎么办呢。要知道，“不动笔墨不读书”、“不经三思不求助”乃是一种可贵的学习品质啊。长此以往，不在考试的时候露怯才怪呢。妈妈就做王小棉的工作，让王小棉在李李动辄就求助的情况下，不要搭理李李。王小棉答应了。

可是，李李的成绩还是在下滑着。

妈妈问双双：“李李到底是怎么回事？”

双双说：“妹妹做作业时喜欢看答案。”

妈妈说：“答案不是都被老师收上去了吗？妹妹哪儿来的答案？”

双双很为难地说：“你还是问妹妹吧。”

妈妈问李李：“答案怎么回事？”

李李说：“我习惯先看答案，然后逆推，同样可以将题目做出来啊。”

妈妈说：“可是，考试的时候，会预先给你提供答案吗？我问你，你的答案是哪儿来的？”

李李不肯说。妈妈急了，说：“你如果觉得非常享受和姐姐之间日益拉大的差距，你就继续抄答案好了！”

双双说：“妹妹其实很聪明的。就说弄答案这一招，我可以说，除了妹妹，就没几个同学能想到这一招。绝，真绝。”

妈妈说：“说！不说出来，今天你们俩谁也别想过我这一关！”

原来，李李在老师收答案之前，就跟要好的几个同学串通好了，每个人从自己的那叠答案纸里，各取出其中的一两张。几个人的一凑，咦，全套的答案，齐全了！老师只数收上来答案的份数，哪里会注意到学生交上来的答案是否缺了页？

妈妈哭笑不得。妈妈说：“李李，我总算是明白了你和姐姐之间的差距是怎么拉开的。你已经掉入了一个误区。你用自己的所谓的聪明，为自己挖了一道又一道阻碍自己进步的陷阱。学习上，一定要养成独立思考的习惯。不能依赖同学，更不能依赖答案。李李你必须明白，考试的时候，是不会有同学或现成的答案能给你提供及时的服务的。当你忽然发现自己无所依赖的时候，你会心慌意乱，导致自己能做出来的题也有可能做不出来。李李你必须改掉这个坏习惯。”

然而，一个坏的习惯，一旦养成，是很难在短时期内改掉的。虽然妈妈随后下定决心新换了套大些的房子，给双双和李李各自安排了独立的书房，但是，时间不待人。高考年，倏忽而过。高考成绩揭晓了，双双比李李整整多了40分。这40分的差距，导致从小就没分开过的小姐俩，从此将各奔东西，将会走上不同的人生道路。

这对孪生姐妹，之所以会出现如此大的差距，不同的学习习惯的养成，在其中起到了很大的作用。须知，播种行为，收获习惯；播种习惯，收获性格；播种性格，收获命运。过分依赖他人，稍遇困难就寻求他人的帮助和指导，那么，遇事往往犹豫不决，缺乏自信，很难单独进行自己的计划或做自己的事，总是依赖他人为自己作出决策或指出方向，这样会丧失自立、自信与自主，对自己的发展是非常有害的。一个人，如果像李李那样，总是期望别人帮你进行归纳概括，给你提供详尽的解题示范，长此以往，其钻研精神必遭压抑，创造潜能必遭扼杀，学习的积极性和主动性必将逐渐丧失。在这种情况下，又怎么可能产生“学习的高峰体验”——高涨的激励情绪呢？又怎么可能在学习中意识和感觉到自己的智慧力量，从而体验到创造的乐趣呢？

3. 做一个快乐的自主学习者

每个孩子都是父母用自己的一生去抒写的一本书，句读要斟酌，篇章要布局，方向更要掌控。所以，家长们多多少少都有过陪读的经历。

我却是个异类。

举个例子，王小棉读一年级，我只接送了她一个礼拜，然后，我说：“小棉，你敢不敢自己走着去上学?”我以为王小棉要哭鼻子，结果，王小棉高高兴兴地背起她的米奇小书包，说：“敢啊。”那天，王小棉在前面走，我就像敌特片的特务，鬼鬼祟祟地借着路边的树，拐角的墙，对王小棉进行全方位的盯梢。我看到王小棉头顶的两条羊角辫在马路的右侧蹦跳，我还看到红灯亮了，王小棉停了下来。然后，绿灯亮的时候，我看到王小棉左顾顾右盼盼，确信可以安全通过了，才像个大人一样，安安稳稳地过了路口。

我就转身回了家。

我挨了大家的好一顿臭骂。人人众口一词，都说他们见过懒的但就是没见过我这么懒的。对他们的骂，我总是虚心接受，但屡教不改。因为，在骂过我之后没多久，他们中就有不少人跑到我跟前，对我说，你可真幸福。我说，那你学我啊，早日放手，幸福一把。

说到陪读，不由想起王小棉的琴友瞳瞳。瞳瞳学了6年的琴，瞳妈就陪了6

年。等到曈曈的十级证书考到手，曈妈也练出了不亚于女儿的一手好琴。授琴的老师在喝完曈曈的谢师酒后对曈妈提了个建议：留下来，和我一起教孩子们弹琴？还有，王小棉有个同学，是个留守少年，少年的奶奶，除了在生活起居上给予孙子无微不至的关怀外，竟想方设法打通了关节，为自己在孙子的教室里谋得了一个座位，每天坚持陪自己的孙子进课堂听课。孙子考试，奶奶也要一张试卷认认真真地做——与这些陪读翘楚相比，我实在是有些羞惭的。

羞惭归羞惭，我仍坚持不陪读。有朋友说，你啊你啊，是懒人有懒福。要是你摊上一个不省心的孩子，看你还陪不陪！

可是，你劳心劳力地去陪读，就一定有用吗？

我的学生中，有个叫汪闵的，妈妈打从生了他，就辞了工作，小时陪吃陪睡，大了则义无反顾地陪读。除了上学，妈妈就像是汪闵的影子。汪闵的作业本上，你从来挑不出半点的瑕疵。因为妈妈早在前一晚就帮汪闵一条条检查和订正过了。有着如此负责的妈妈的精心陪读，汪闵的成绩应该很棒了吧？可谁知，一到考试，汪闵就不及格。汪闵的妈妈想不通，不止一次眼泪汪汪地跑到我的办公室来问询。当我对她说造成汪闵不及格的最大的绊脚石不是别人正是她自己时，汪闵的妈妈止住了泪，像看个外星人一样地看着我。要说服一个妈妈去相信爱愈切害愈深显然是非常困难的。没办法，汪闵妈妈是个愿意将陪读进行到底的人。汪闵后来到底没能考上高中，家里好歹帮汪闵寻了个门路，到外地一所五年制的大专院校继续读书去了。毫无悬念的，汪闵的妈妈也跟着去了。这个世界上，也只有父母，才能把陪读当成自己的事业来做。

其实，不管是陪读还是不陪读，有一点至关重要，那就是孩子自主学习能力的培养。这是一种让孩子终身受益的良好学习品质，但若养成，不陪读，甚似陪读。相反，如果孩子缺失这种良好的学习品质，陪读，反而会误了孩子。

一直非常喜欢老庄哲学。在老庄看来，对待事物就应该顺其自然，无为而治，让事物按照自身的必然性自由发展。我之所以能坚决不陪读，是因为我的工夫，皆在陪读外。在如何培养王小棉良好的学习习惯上，我从来就不曾有过一丝一毫的懈怠——

王小棉读一年级之前的那个暑假，我对王小棉说，你马上就要成为一个小学生了，会学到很多新知识。老师每天还会布置作业给你回来做。一个好孩子，放学回家之后，第一件事，就是将该完成的作业完成。做完作业之后，才能去玩儿，也才能玩儿得尽兴。王小棉将这条“家规”牢记于心。帮助孩子弄懂良好的习惯应该是怎样的，比起让她在犯错之后再去纠正要重要得多。

我其实也是有过帮助王小棉检查作业的经历的。可是，后来我发现，王小棉逐渐养成了一个坏习惯，作业一做完就万事大吉了，不是自己先检查一遍，而是直接将作业本放到我面前，说：“妈妈，帮我检查!”有一回，我出差，王小棉做完作业后仍然没检查就交上去了，结果，作业本发下来之后，里面有好多红叉叉。吃了老师一顿恶批的王小棉哭得上气不接下气。我抓住这个契机，对王小棉说，以前你小，妈妈得搀着你一起走，现在呢，你应该学会自己检查作业了。学习是你自己的事，不能依赖妈妈。所以，从今天起，你要努力把妈妈当成一个字都不识的文盲。在学校里，一定要非常认真地听讲，尽量将问题在课堂上解决。不能把爸爸、妈妈作为你的所谓的“后盾”。

就这样，在我的坚持与帮助下，王小棉逐渐学会了自主学习。先预习，后听课；先复习，再作业，王小棉将自己的学习生活安排得有条不紊。很多人都以为教师的子女学习成绩之所以比一般同学要好些是因为“近水楼台先得月”，可以随时得到爸爸、妈妈的辅导，其实不然。如果说身为教师的我在王小棉的学习中起到了些许作用，那么，就只有一条，那就是，我注重培养孩子的自主学习的习惯与能力。

正因为我有所为，培养了孩子良好的学习习惯，我才能有所不为。更因为我敢于放手，有所不为，才能有所作为，才有了王小棉这个在学习上让我“省心”的孩子。

4. 从来学问疑处寻

三年前从我们学校毕业的闻妍，今年考上了复旦大学的新闻系。每年暑假，我们学校都会将闻妍这样的优秀毕业生邀请回母校来，与部分学生代表、家长代表座谈。这类座谈会的主题，通常都离不开学习经验的介绍，所以，每有这样的机会，我都不会错过。

闻妍人称“闻大姐”，因为闻妍“太有大姐范儿了”。各门功课拔尖不说，还那么多才多艺：即兴演讲比赛，从区里比到市里再赛到省里，闻妍捧回的，全是清一色的一等奖。校园文化艺术节，闻妍吹拉弹唱加朗诵与舞蹈，样样都拿得出手。学校 100 周年校庆，那么重大的盛典，闻妍与学校请来的电视台的专业主持人联袂主持，丝毫不比人家专业主持人逊色。在我们学校将近 100 年的历史上，像闻妍这样全面发展的学生，还真不多见。所以，闻妍的发言，自然成了这次座谈会的重中之重。

闻妍的发言，是围绕着“从来学问疑处寻”这一句而展开的。

闻妍说，胡适有个条幅，对她影响颇深：“做学问要在不疑处有疑，待人要在有疑处不疑。”闻妍认为，对待每门功课，都必须带着疑问去学习和研究，这样才能学得扎实与深入，才能学会创新。也唯有做到在不疑处寻疑、释疑与质疑，才能养成良好的求知习惯，才能有效提高各门功课的成绩。

那么，闻妍是如何将“从来学问疑处寻”付诸实践的呢？

闻妍认为，要成为一个人人称道的“牛娃”，首先要抓好预习这一环节。不预习的同学不多，但有些同学的预习，只是浮皮潦草地将书看上一遍，完成几个简单的填空或选择走个过场就拉倒，并没有真正达到预习的目的。预习的目的是什么？是“寻疑”，也就是通过预习去发现问题。“学成于思，思起于疑”，问题是知识生成和发展的动力，不断涌现新问题，是知识创新的根本，同时也是学习得以进一步深入的动力。闻妍将随身携带的高中三年的预习笔记展示给大家看。我和周围的几个家长拿到的是一本高一阶段的数学预习笔记，只见每一个章节的下面，都分门别类写着：“通过自主学习已经能够掌握的问题”、“暂时存疑，借助有关资料得以初步解决的问题”、“需要合作探究及老师点拨的问题”以及“重点和难点问题”等。翻看着闻妍的预习笔记，大家感慨不已——预则立，不预则废。这才是真正的预习啊。毫无疑问，能将预习做到这个份上，课堂45分钟的听课才更具有针对性，课堂效率才能更高。

接下来，闻妍介绍说，应该带着通过预习寻来的疑问走进课堂。带着问题去听课，有利于集中注意力，目的明确，学习有明确的指向性，从而能够提高学习效率。在此过程中，一定要妥善处理好独立思考与合作探究的关系。预习时，我们要做到“不动笔墨不读书”，那么，听课时，我们则要做到“不经三思不求助”了。独立思考是一种良好的学习品质，任何时候都不能丢。如果将自己辛辛苦苦在预习过程中寻来的疑问，一股脑儿全部抛给老师和其他同学，那么，疑问，可能仍然还停留在疑问阶段，得不到真正的解决。当然，自己通过独立思考解决不了的疑问，也别藏着掖着，“三人行，必有我师焉”，要虚心求助，积极参与到与老师和同学的合作探究之中，通过敢于质疑，善于表达，认真倾听，勇于评价和不断反思等环节，使自己的疑问得到及时的解决。

新课结束了，探疑仍然还要继续。闻妍强调说，善于学习的学生，会通过复习与练习，对新知识继续质疑问难，并勇于向课本、老师以及权威挑战，敢于提出新的更高层次的疑难问题。闻妍举了个例子，说，初中时，我们曾经集体讨论过孔子的“己所不欲，勿施于人”，对其含义、蕴含的道理以及行为要求都有了一定的认识，但是，我仍觉得意犹未尽，毅然而然地向老师提出了这样的疑问："圣人的话，未必就是百分百的真理。孔子提倡'己所不欲，勿施于人'，可是，己所不欲而施于人的做法，难道就一定是错误的吗？比如说，在食堂就餐，我很不喜欢吃鸭腿，但我的同桌非常喜欢，我将自己的鸭腿给了她，难道不是皆大欢喜吗？还有，己所欲，是不是就一定可以施于人呢？存在不存在己所欲施于人结果却造成了不良的后果的呢？这种现象也很多啊。比如，某些'当官的'喜欢搞'政绩工程'、'面子工程'，今天拆，明天挖，可是，老百姓们喜欢吗？家庭生活中，爸爸妈妈希望我们能够将每时每刻都用在学习上，希望我们能够帮助他们实现他们未能完成的梦想，可是，我们是不是就一定喜欢这样的生活方式呢？"通过这种不满足于课本知识的进一步的质疑，我对这一知识的理解更加透彻，这种敢于向课本、向老师甚至向权威挑战的精神，其实就是我们中学生普遍欠缺的创新精神。这种精神，我认为是诸多的学习品质上最弥足珍贵的。它可是我这么多年来学习的一大法宝。

最后，闻妍还补充了一点，通过作业和考试，你一定会发现，你对所练习和考查的内容，其实仍然存在着一定的问题。这些问题，虽然不是你主动发现的，却也是非常宝贵的。对这些问题，一定要予以足够的重视。既然作业和考试有效地帮助你"查漏"，那么，你就一定要努力地去"补缺"。

闻妍的发言，赢来了阵阵掌声。有个学生说，今后我一定要向闻妍学姐学习，预习时"寻疑"，听课时"解疑"，课后"质疑"，相信我的成绩一定会有很大的提高！

5. 学会珍视自己的“错误”

高考前，闺蜜就给我打来电话，说：“等你们家王小棉高考一结束，我就带儿子上门来‘清剿’。我们的目标是王小棉用过的课本，还有各式笔记。”

闺蜜的儿子今年才开始读高一，当妈的就未雨绸缪至此，我没理由不鼎力支持。四个人便聚集在王小棉的小书房，开始整理。

王小棉将三年来的课本一一找出来，带着些不舍：“用完了还得还给我哦。我是‘恋旧控’。若干年后，打开自己的高中课本，回味自己搏杀高三的这段旧时光，也是一种幸福呢。”

王小棉的课本，几无卷角，保护得很好。闺蜜的儿子郑重地收下了。然后，王小棉从书架上抽出一本橙黄色的活页硬面抄，递给闺蜜的儿子：“这个给你。这可是我最珍爱的宝贝。我给它取了个名，叫‘我的错题小屋’。入住‘我的错题小屋’的，都是我曾经做错过的题，它们或可爱，或可憎，但不管可爱还是可憎，我都一样地珍爱着它们。可以说，没有它们，我就不可能考上我理想的大学。”

我和闺蜜饶有兴致地围上前去观看。

闺蜜的儿子打开第一页，带着些不解地问王小棉：“将这些错题一一地罗列和整理下来，多浪费时间啊，只要会订正了不就行了嘛。有这个时间，还不如多做几道题呢。要知道，同一道题，原封不动地再次出现在考卷上的几率，是很小的。”

王小棉呵呵一笑，说：“你有这个想法，一点不奇怪。事实上，能够坚持不懈地将错题进行归档管理的同学，确实不多。然而，俗话说得好，好记性不如烂笔头，时间长了，可能我们就会淡忘自己曾经犯过的错，类似的错，就很有可能不断地被复制与重演。所以，给自己的错题建个档，真的很必要。”

闺蜜的儿子有点感兴趣了：“真的?”

王小棉说：“没错。因为，一个错误就是一个盲点。每一个错误的背后都隐藏着自己在知识、能力、方法等方面所存在的不足与问题。所以，一旦在作业和考试中出现了这样的盲点，记得一定要‘善待’，然后再‘严待’。只有这样，盲点才会越来越少。要知道，对待错题的态度，可是减少错题的关键呢。如果对待错误的态度不积极，甚至懒得去思考用什么样的方式去消除盲点，那么，盲点将如顽症，不断复发，甚至扩散。所以，建好和用好错题档案，不仅有助于我们查漏补缺，还能改善我们粗心大意的不良习惯，对培养我们的反思性思维品质、提高我们自主学习的能力都非常有效。当然，它也是提升咱们的学习成绩的一个重要却又简便的手段呢。”

闺蜜的儿子翻看着“我的错题小屋”，问：“你能教教我怎么建立错题档案吗？是不是将错题抄写下来，再订正一遍就可以了呢?”

王小棉取回“我的错题小屋”，随便打开其中的一页给闺蜜的儿子看：“当然不是。建立错题档案，可不能重数量而轻质量。怎么能见到错题就抄下来，而懒得去思考原因？一定要进行错因的分析，要能挖掘出做错题的深层次的原因。这样才能起到建立错题档案应有的功效。”

“深层次的原因？我觉得自己每次做题出现错误的原因，好像就是粗心与马虎呀。”

“你来看看，我的这道题，下列词语中加点的字，每对读音都相同的一组是……我错选了选项 B：蹒跚/珊瑚　嫁接/度假村　布帛/并行不悖，这里，我就不能将做错题的原因简单地归结为粗心与马虎，事实上，出现错误的原因还有我这方面的基础知识掌握得不好，心理素质比较差。一遇到题干复杂，考核多方面能力的题就错。”

“你再看这道题，考一个复数在复平面上对应的点在第几象限的，其实是很简单的一道题，但因为它出现的位置比较显赫，是第一大题的第一小题，一紧张，结果，做错了。紧张，仅是表层的原因。其实，在这种题干简单、要求的能力较单一的题上也出错，这只能说明我的学习品质还有待于进一步提高。今后要从抓基础、提高心理素质、拓宽解题思路以及注重解题技巧的积累等方面去努力加以改正。”

闺蜜的儿子说：“我明白了，审题马虎只是原因之一。其实导致我们出错的原因还有概念错误、思路偏差和理解错误等等。小棉姐姐，除了集录错题、分析原因之外，建立和管理错题档案，还有其他什么要求吗？”

王小棉说：“当然有。你看，我是按照六个部分对我的错题进行归档整理的：时间，错题，错误的解答，原因分析，正确的解答，对今后解题的启示。”

闺蜜的儿子点点头，说：“我知道了。以后我一定坚持将这个工作做好。”说完，很珍爱地将“我的错题小屋”放进了书包。

王小棉忽然又想起了什么，赶紧提醒道：“错题档案建立好了，还有好几个后续工作要做的。别忘了，要定期交给任课老师指导和检阅。方便老师及时掌握你的学习现状，在辅导时会更有针对性，能对症下药，在你的薄弱处重锤敲打。此外，一定要经常阅读，巩固印象，避免在同样的地方跌倒。还有挺重要的一点，就是要和你的同学相互交流。‘他山之石，可以攻玉’，我们要善于从别人的错误中吸取教训，扬长避短。”

闺蜜给了王小棉一个狠狠的拥抱。然后，欢天喜地地带着儿子离开了。

王小棉看着稍显凌乱的书架，忽然很哲人地说：“妈妈，其实，何止于做学问的时候要学会珍视自己的‘错误’？倘使我们能用这种治学的态度与方法来对待我们的生活，我们没有理由不时刻与幸福相拥，是吧？”

还真是这个理儿！

6. 勤写泛读，日知一录

明末清初著名学者和思想家顾炎武著有《日知录》。王小棉同学则著有《日知一录》。

《日知录》是顾炎武“稽古有得，随时札记，久而类次成书”的一部著作。《日知一录》则是王小棉“读有所得，随手记录，每日随笔一篇，久而语文水平渐长”的真实见证。

王小棉将写成的三本《日知一录》比作“像做针线一样积累与写作”。这种注重阅读、注重积累、注重练笔的态度和方法，既是对自己的情趣与品位的提升，又对有效地提高自己的语文尤其是作文成绩起到了重要的作用。

顾炎武的《日知录》，有着三项内容的设计，即经义、治道与博闻。王小棉的《日知一录》，亦有三项内容的设计：即好词好句、精美语段与随笔札记。

好词好句的来源有二，一是课本上的必考篇目。除此之外，拓展部分的10篇名著，也是重中之重：巴金的《家》、老舍的《茶馆》、鲁迅的《呐喊》、沈从文的《边城》、郭沫若的《女神》、曹雪芹的《红楼梦》、罗贯中的《三国演义》，以及巴尔扎克的《欧也妮·葛朗台》、莎士比亚的《哈姆雷特》和海明威的《老人与海》。二是课外闲书。闲书不闲，是我和王小棉精心挑选的：周国平的《闲情的分量》,《古诗词鉴赏》、《欧·亨利短篇小说集》，毕淑敏的《带上灵魂去旅游》和罗兰的《罗兰小语》等。

每日所读之书，好词好句必定不少。由于每晚作业时间有限，需要统筹安排，所以，每日能进入这一栏目的好词好句，都要经过精心挑选。但至少每日10条。日积月累，这对提高语文高考试题的第一大部分“语言文字运用”和第二大部分“文言文阅读”的得分率大有裨益。

好词部分，主要摘录字形字义字音容易出错的。这一类的字与词，王小棉不仅注了音，有的还加了注解。

各举几例：

字音：

巷道：hàng。仅“巷道”一词中念hàng，其他念xiàng，如巷战。

靓妆：jìng。只有在“靓仔”、“靓妹”等词中，靓才念liàng。

锁钥：此处，念yuè。非常容易错念为yào。

字形：

椎心泣血——不可以写成“锥心泣血”。

家具——不可以写成“家俱”。

节骨眼——不可以写成“结骨眼”。

字义：

玉骢（cōng）：青白相杂的马。

玉醅（pēi）：美酒。

栖迟：留恋、迷恋。

好句部分，则主要摘录每日阅读的书目中的有可圈可点之处的句子。翻阅王小棉的《日知一录》里出现的好句，发现有的来自于古诗词，如李煜的浪淘沙之“别时容易见时难，流水落花春去也，天上人间”。有的来自于名著选读，如曹雪芹的红楼梦之“满纸荒唐言，一把辛酸泪！都云作者痴，谁解其中味！”。有的则来自于自选书目，如《读者》“言论”里摘录下的“家世背景就像一对翅膀，装在老虎身上是会飞的老虎，人人敬畏；装在蟑螂身上变成会飞的蟑螂，让人更讨厌”。有的来自于名人名言，如肖楚女所说的“人生应该如蜡烛一样，从顶燃到底，一直都是光明的”。有的则来自于自己的灵感所至时的“小棉语录”，如“活在别人的目光里，我把自己活成了囚”。这些句子，有的唯美空灵，有的犀利深刻，有的富有哲理。

作文中，若能将这些平时累积下来的句子运用到合适的地方，让视觉疲劳的阅卷老师眼前一亮，把你的作文分数打高那么几分，不是没有可能。

王小棉的《日知一录》的第二块内容是精美语段的摘抄。来源和好词好句一样，都来自于高考必考篇目和平时阅读的“闲书”。

课内的：“然而这是不公平的，他想。不过我要让他知道人有多少能耐，人能忍受多少磨难。‘我和那孩子说过来着，我是个不同寻常的老头儿，’他说。‘现在是证实这话的时候了。’他已经证实过上千回了，这算不上什么。眼下他正要再证实一回。每一回都是重新开始，他这样做的时候，从来不去想过去。”——海明威《老人与海》P52。

课外的：王小棉曾摘录过《闲情的分量》一书中周国平先生对宋祁的《木兰花》一词的赏析：

“红杏枝头春意闹”——这一个“闹”字，用得出人意料，却又极其贴切，把春天蓬勃的生机一下子展现在我们的眼前了。因为这一个“闹”字，宋祁当年一举成名，后世备受评家赞誉。

面对灿烂的春光，作者的感悟是：在短暂的人生中，真正值得珍惜的不是金钱，而是快乐。对于今天看重财富的时代，这不失为一个提醒。

若能长期坚持不懈地坚持做好这方面的阅读与积累，定能提高语文高考试题尤其是第三部分“古诗词鉴赏”部分的得分。

《日知一录》的第三块是原创板块，“随笔札记”。题材不限，体裁不限，字数不限。这是几部分内容中最难坚持下来的。但王小棉做到了。翻开这三大本随笔札记，明显能感觉到王小棉作文水平的提高。开初文笔稚嫩，后面明显渐渐老道成熟；开初不懂得选材，随笔犹如流水账，渐渐地懂得了砍去枝枝蔓蔓，直取主干，抓最能引发自己思考的“触点”。王小棉原本是一个并不喜爱写作文的人，经过这样的每日一篇的强化训练，不但积累了大量素材，而且明显提高了一看到命题作文或给材料作文就能迅速整理思路、打好腹稿、下笔成文的速度。

语文的学习，是一个“系统工程”，不可能凭借考前的突击复习就能立竿见影地提高自己的成绩。只有坚持不懈地勤写泛读，日知一录，才能滴水穿石，达到“不畏浮云遮望眼，吹尽黄沙始见金”的效果。

7. 适合自己的，才是最好的

女孩子涵的理科成绩很棒，英语却差强人意。

小学四年级时，英语老师怀孕生子，学校从外校请了个老师来代课。新老师走马上任的第一天晚上，子涵生了病，没能完成英语作业。第二天，默写不及格和未能完成背诵的名单中，双双出现了子涵的姓名，一下子就让新来的英语老师记住了子涵。新老师感到自己有责任帮子涵一把，几乎以每5分钟一次的频率提问子涵。由于身体还没有康复，早上又吃了药，子涵昏昏欲睡，有几次提问，还是在同学的提醒下才站起来的。新老师很恼火，一句话脱口而出：“就你这样，作业不做，上课不听，想学好英语？做梦！”

从那天开始，子涵开始害怕上英语课。三个月里，子涵在家自默单词，好好的，可是，一到了英语课上，怪事就会出现，子涵的默写，就会出现不及格。子涵最害怕的是新老师喊她起来背诵课文。那个时刻，子涵觉得，自己的声音，就像是卡在喉咙里的鱼刺，她越想将它吐出来，它就越往纵深里陷。如此三番五次之后，新老师就连课堂上提问她的兴趣都没有了。

好不容易盼到自己的英语老师休完产假回来，子涵却悲哀地发现，自己对学习英语，却再也提不起兴趣了。情况虽比以前好一些，却也只是勉强及格而已。这种半死不活的状况，一直持续到了高三。

子涵有个叫齐悦的好朋友，看到子涵如此苦恼，就对子涵说：“你的问题，我看主要出现在词汇量上。这么多年来，你总是将背单词视若畏途，积累的词汇量少，完形填空、阅读理解、任务型阅读就会遇到障碍，书面表达，也会词不达意。要提高英语成绩，单词肯定是第一关卡。单词是硬骨头，不下功夫是不行的。所以，我建议你首先要攻下单词关。”

子涵说：“唉，我就是背不进去啊。我这头脑，真是个怪物。对付数理化，特好使，一旦将频道切换到英语，马上就死机!”

齐悦说：“是不是你选择的时间不对啊。你知道我一般什么时候背单词？凌晨四点！那时，夜深人静，万物归寂，一背就会，效果好得不得了。”

子涵很诧异：“凌晨四点？不睡觉啊？”

齐悦说：“怎么可能！我每天晚上放学回家后，饭一吃澡一洗，马上就睡觉。因为一天的课上下来，实在是太辛苦了。如果吃晚饭之后继续打疲劳战，效果肯定会很差。所以，我当晚是不做作业不背书的。我从 7 点半睡到第二天的4 点，然后，起来简单洗漱一下，此时，头脑非常清醒，我就先完成背诵作业，然后再完成书面作业。”

齐悦说完，又补充道：“我这也是自己摸索出来的一条学习经验，还从来没跟其他人说过。反正我觉得效果挺不错的。”

子涵决定试试。

这生物钟一旦改变，一时还真是适应不了。子涵辗转反侧了好久后才好不容易有了睡意。貌似才睡了一会儿，就听妈妈喊：“子涵，起床了!”子涵发现眼皮像是有千斤重，怎么也睁不开。勉强坐起来，还是睁不开。妈妈心疼子涵，说：“要不，你就继续睡吧。”子涵如释重负，倒头便睡。这一睡，六点了!

好一派兵荒马乱！各科作业都没做，如何向老师们交代？看来今天所有的课间都要狂补作业了。晚上放学回家，子涵草草吃过晚饭，直喊累死了累死了，又是倒头便睡。睡前，子涵对爸妈说：“要是我到了 4 点醒不来的话，你们就给我灌辣椒水!”

子涵这回倒是坚强地坐起来了。也打开了书，准备完成作业了。可是，倦意袭人。好像才做了不到半小时的样子，子涵就趴在写字台上睡着了。妈妈看着子涵如此辛苦，心疼得直掉眼泪。

第三天，仍是过去一天的重演。

一个礼拜后，爸爸带着子涵去买书，路经一家商场，爸爸指着橱窗里穿在模特身上的一件时装，说：“子涵你看，那件衣服，是不是很好看？”子涵看了一眼，说：“是，高贵典雅。”爸爸又问：“这件衣服要是穿到你身上，会不会穿出这样的效果？”子涵说：“怎么可能！不适合我的。”爸爸说：“就是啊，有些东西，看起来很好，但是未必适合我们自己。就拿学习方法来说，我就觉得，齐悦的是不错，但是，可能它只适合齐悦。我们不能照搬照套，要针对自己的实际，为自己量身打造适合我们自己的学习方法。”

子涵说：“是的，我也感觉到了。我搬用齐悦的方法的这个礼拜，不但没有出现预期的效果，反而还影响了其他功课的学习。我决定了，放弃齐悦的‘宝典’。适合自己的，才是最好的。不过，齐悦有一条建议倒是非常对，那就是要努力克服单词关。这几天我一直在思考，为什么数理化里也有不少要识记的内容我轻而易举就记住了，而英语单词就那么难记？我觉得，其实，是我心理上一直在排斥这门功课。这么多年，我可真傻，一直将当年代课老师所说的那句话，当成了一句魔咒。我将自己对英语学习的兴趣，都迁移到了数理化上。如果我力争摆脱当年的心理阴影，努力培养对英语的兴趣，不知道还晚不晚？”

爸爸说：“不晚！你能顿悟到这一点，把心里那块石头搬开，我不晓得有多高兴！对你而言，这是最关键的一个因素。因为这个因素，你一直抗拒找老师补习，现在，如果你想通了，我马上给你联系我认识的一位外籍教师去。”

子涵说：“可是，单词关，还是得靠自己去攻克。等我将这一关攻克下来，你再帮我找外教不迟。我学数理化的时候，那些公式啊定理啊，基本上在课堂上就能记住的，这说明不能死记硬背，要在理解的基础上识记。个别难记的，我可以抄在一本小本上，没事的时候就瞥上两眼，这说明只要工夫到，不怕记不牢。我准备就从这几个方面入手，向单词这块硬骨头，发起总攻！”

爸爸说：“这就对了！‘学有法，无定法，贵在得法。’从自己的实际出发，培养兴趣加上巧记勤记，齐抓共管，一定有效！”

8. 在玩中学，在学中玩

数年前，王小棉的同学舒天初曾是我的一部小说里的男主角。小说发表后，我就托王小棉转告舒天初，高考一结束，我就要请他吃饭，以表示我对他的感谢。

我为什么要强调“高考一结束”这个时间点呢？因为我担心等到高考分数出来之后舒天初没心情出来吃饭。其实，我的担心，也正是舒天初爸爸、妈妈的担心。

舒天初是个非常有个性的男生。

高一军训，体力严重透支的舒天初出列，要求躺到草丛里休息一会。教官指着同样体力严重透支的男女生们说：“军人般的意志与毅力，将会在你们今后的人生征途中发挥出它超强的威力。坚持到底的，就是好儿郎！不准当懦夫懒汉！”教官的话刚说完，就见一个女生应声而倒。同学们手忙脚乱地去扶女生，送女生去医务室。舒天初插不上手，忙中偷闲，躺在树荫下的草丛里，睡着了，连再次集合的哨声都没能吵醒他。

舒天初一下子就出名了。

进入高三，学校的体育课，基本上成了摆设。体育老师也是睁只眼闭只眼，不少同学就躲在教室里做作业。舒天初不。每堂体育课，舒天初都要抱着篮球和足球出去，没人一起玩的时候，舒天初就一个人练习投篮，或者一个人对着球门猛射。有一次，数学老师占用体育课，舒天初不管，照样抱着球出去。终于将班主任激怒，当场将他抓住，一把塞进自己的车里，将他一路“护送”回了家。

舒天初的作业，最让老师们头疼。几乎每个晨读课，“公共教室”里补作业的学生里，总少不了舒天初的影子。刚开始，舒天初还老老实实地补作业，次数多了，舒天初干脆就躺在课桌上睡觉。

别以为舒天初肯定是个成绩一塌糊涂的学生。事实上，舒天初所读的一中，在通城的高中里，绝对数一数二。高二的时候，学生会主席竞选，舒天初进入了最后一轮。在一中这个学校，学习成绩如果太摆不上台面，学生们才不会买你的账呢。要不是舒天初的竞选演说类似于启东中学的那个一讲成名的江成博的讲话稿而被临时淘汰，舒天初说不定已经高票当选学生会主席了。

舒天初怎么说都和勤奋刻苦搭不上边。高三，别的考生都如临大敌，加班加点，舒天初没事人一样，照样吃照样喝照样玩。舒天初的爸爸就很着急。有一次，舒天初的爸爸病急乱投医，竟找到我们办公室来，发动我们帮他打听有没有哪个高校有点招名额。舒天初的爸爸说，看我儿子吊儿郎当的，我看考一本希望很渺茫。如果能有点招的机会，花上几十万，我也是愿意的。

舒天初却仍自在逍遥。高考前，学校放了三天的假，让学生们自己在家复习。舒天初却坐不住。将足球往车篓子一扔，说：“爸，我要去打球。”

舒天初的爸爸不同意。妈妈给爸爸使个眼色，悄声说：“陪儿子去吧。考得好考得坏，基本上已经定型。此时，安抚军心要紧，千万别和儿子闹崩了。”于是，三天中，除了去提前看考场的那个下午，舒天初爷俩，就活跃在舒天初爸爸单位的足球场上。不过，爷俩的神色，一个轻松，另一个却凝重。

晚上，看到舒天初早早就上了床，舒天初的爸爸、妈妈愁啊。那三天，舒天初每天酣畅淋漓地睡，爸爸、妈妈每晚愁肠百结地失眠。

当然，当着舒天初的面，爸爸、妈妈将内心的焦灼，掩藏得很好。

转眼就到了高考。

我请舒天初吃饭的那个晚上，舒天初告诉王小棉说，他这次感觉良好。上一本线绝对没问题。舒天初的爸爸、妈妈半脸的高兴，半脸的不信。

舒天初说，第一天早上，我一起床，奔到镜子前，看到一张经过了充分睡眠的神采奕奕的脸，一句话就从心底里冒了出来——舒天初，你，一定会考好的！

舒天初还说，我就这样，精神十足地走向了考场。考点大门口，班主任正在派发准考证。我看到围着班主任的那一张张脸上，都写着两个字——失眠。班主任安慰他们道，你可别以为只有你一人失眠。应该说，高考前夜，没有人不失眠。不失眠是不正常的！就在这时，班主任看到了我，然后指着我对大家说："当然，要是舒天初高考前夜也失眠了，那也是不正常的！"

舒天初说，当我展开语文试卷，发现今年的高考作文题所给的材料是《轻一点，别点蜡烛》时，别提我有多开心了。我妈总说我作业做得少，抱怨我喜欢看闲书，现在知道了吧？这篇文章，我就在《读者》上读到过，而且，当时，我还在日记里写过关于这篇文章的读后感！那一刻，我感到自己真的是太了不起了，长期的坚持阅读，竟使得自己无意间成了若干语文老师梦寐以求的能压中作文题的超级"牛人"了！

舒天初还说，我为什么作业做得少而且干脆后来连补都不愿意补了？那是因为那都是些我一眼看过去就知道自己会做的或者过去已经做过的题。有这种重复劳动的时间，我为什么不去打球？不去读闲书？不去听听音乐？不去网上溜达灌水轻松轻松？

舒天初说，语文开了个好头，我就吉星高照了。数学今年非常简单，这对我这个数学老师的儿子来说，平时练过的题，不晓得比这要难上多少倍。轻松完成！英语么，虽然难了点，但我考得也很顺手。老爸总说我经常用手机上网这不好那不好，可他哪知道，这一年，我用手机看了多少没有中文字幕的纯英语电影？

高考分数揭晓后，我打电话给舒天初表示祝贺，舒天初发了这样一段感慨——

很多人认为我这次考分超出一本分数线数十分的原因是我运气好、心态好，其实，应考心理固然是其中一个重要的原因，但我觉得他们忽视了一点，那就是，嘿嘿，我就是在玩中学，在学中玩啊。

9. 我们家的“时事餐桌会议”

9月初，在高三（16）班的第一次家长会上，我终于见到了王小棉口中的那位素有“T中第一美男子”之称的政治周老师。

周老师说：“今天我来参加这次家长会，是想给自己寻找盟友的。只要符合以下两个条件，你就可以成为我的盟友：第一，尽量不介入孩子的政治学习。因为在座的各位都不是专业的政治老师。每门功课的学习，都有它的特殊性，你的介入，有时可能反而会成为孩子学习政治的障碍。政治这门课，学什么和怎么学，这个任务，请放心地交给我和你的孩子。如果过去你有帮孩子抽背或抽默的习惯，请止步。因为，哪些是要背的要默的，哪些是只要一般了解的，你不会比我更清楚。第二，和我一起，积极关注时事政治。因为时事每天每时每刻都在发生。孩子的时间和精力有限，不可能在这方面投入太多。所以，如果你想帮孩子一把，就请每天坚持阅读一份报纸，每天坚持收看《新闻联播》。读和看，才是第一步。第二步是将你每天看到的读到的有选择性地和你的孩子交流。交流的广度与深度要达到保证你的孩子在第二天的政治课上能熟练地进行‘热点点评’。”

提完这两点要求后，周老师环顾四周，说：“如果你觉得你可以成为我的盟军，请举起你的手。”

我毫不犹疑地将手举了起来。对第一条要求，我原本就是这样做的。我从不介入王小棉的具体学科的学习。即便是作文，除了偶尔会指出构思与立意上的不足，我也很少指手画脚。我想，高考作文怎样去写才能拿到好分数，王小棉的语文老师一定比我要清楚几百倍。至于第二条，我觉得我也可以努力做得到。

周老师笑着让大家将手放下，说："我刚才数了数，只有三个同学的家长没举手。比我预料得要好得多。那三个同学的家长，如果你的工作性质让你对第二条感到很为难，那么，你还可以有一个补救的措施，那就是给孩子订一份报纸，让孩子自己去阅读。虽然这可能要多花点时间在阅读上，不过，在养成孩子自己主动关注热点、梳理热点的能力方面，却也物有所值。"

家长会后，我开始行动起来了。先是去邮局，订阅了两份报纸，一份是面向全省的《扬子晚报》，一份是通城的《江海晚报》。然后，将每天阅读两份报纸的任务交给了王小棉她爸——男人么，对时事热点的兴趣度与敏感度，普遍要好过女人。我给王小棉她爸准备了一本笔记本，交代说："两份报纸上同时出现的新闻，你要高度关注。阅读时，不能只停留在阅读标题的层面，要将具体内容认认真真地看几遍。如果附有评论员文章，更要细细研究。把你读到的想到的悟到的，在这本本子上记录下来。别皱着个眉头，因为我也会陪着你，按这个要求同样去做。咱们要随时保持交流畅通状态，上班时，通过 QQ、微信、电话、短信、邮件联系交流。下班后，咱们一边做饭一边进行面对面的探讨。至于'新闻联播'，我们正好可以一边吃饭一边收听。就是有事耽搁了没看成，也不打紧，因为第二天的报纸一定会弥补这一缺漏。"

然后，就到了我们家的"餐桌会议"这一重要内容了。

王小棉读高中后，和我们可以"随便聊聊"的时间基本上也就是吃饭这段时间了。高三之前，"餐桌会议"的主讲人基本上是王小棉。主题主要是班级趣事、怪事、让人气愤的事。现在的"餐桌会议"，仍由王小棉打头，但王小棉会很自觉地将时间缩短在 10 分钟以内："下面，有请咱们周老师的盟军开讲!"

她爸便会一本正经地掏出笔记本，开讲："今天的国际要闻有……国内要闻有……本省要闻有……权威性评论要点有……我的观点有……”

第三个发言的是我，我的主要任务是提问王小棉：“以上新闻热点，可以和课本上哪些内容形成链接？请以‘两会’的召开为例，进行分析。”

王小棉边吃饭边思考：“可以链接‘政治生活’这个章节里的内容。公民的权利与义务，政府的性质与职能，民主政治的四大制度，还有执政党的地位与宗旨等。”

我继续启发王小棉思考：“如果让你以今天的时政热点为背景设置情境，你会依此设计出哪些有价值的问题？你又准备如何解答？”

这个层次的问题，通常情况下是不要求王小棉当场作答的。但这个思维习惯的培养，我是一直坚持的。因为，要学好政治这门功课，多问问自己三个问题，绝对好处多多，我是将之归纳为“3W 学习法”的：第一个问题是“是什么（What）”，第二个问题是“为什么（Why）”，第三个问题是“怎么做（How）”。

在边吃边聊中进行的“餐桌会议”，通常半小时就能结束。饭后，王小棉会去书房，将今天的“会议要点”以及对我提问的思考要点择要写在本子上。因为，周老师说到做到，每天课前的 5 分钟，总要点出一到两个同学担任“今日新闻评论员”。不事先做好功课，这一关口，可是很难过的。每次王小棉担任“新闻评论员”，其发言质量都能得到周老师的高度肯定，并且，周老师还会托王小棉带回对我和她爸这两个他的坚定的盟友的感谢呢。

这样的“餐桌会议”，我们一直坚持进行了三百多天。效果如何？四次模拟考试，王小棉的政治成绩达到的能级都是 A。至于最后的高考，据王小棉说，和时政有关的几条选择题，一个没错。以时事热点为背景的非选择题，自我感觉良好。事实也正是如此，王小棉的高考政治拿到的能级是最棒的 A +。

10. 记忆有窍门

20年的教师生涯中，我对那些记忆能力特别强的学生，印象颇深。

男生秦朗，在历史老师请他为大家讲一讲“诸葛亮挥泪斩马谡”的时候，应声而起，从司马懿引二十万大军出关下寨与张颌分析街亭的险要开始讲起，滔滔不绝，一直讲到马谡不听王平之言，败军折将，失地陷城，诸葛亮挥泪，叱左右推出马谡而斩之。前后二十分钟，没一秒钟的停顿，众多人物，无一混淆。从此得一雅号“小刘兰芳”。

秦朗为何能有如此了得的功夫？秦朗的回答只有两个字：“兴趣。”据知情人透露，秦朗从能借助于拼音阅读开始，就在爷爷和父亲的引导下，博览群书。爷爷与父亲都是不折不扣的三国迷，在他们的耳濡目染之下，小小的秦朗就对三国产生了浓厚的兴趣。歌德说：“哪里没有兴趣，哪里就没有记忆。”对记忆的对象保有浓厚的兴趣，才能产生积极的情绪反应，才能提高记忆的专注度，也才能产生高质量的识记效果。这就是为什么我们感兴趣的科目，我们可以毫不费力地就将要求识记的内容记住了，而对自己不感兴趣的科目，却要花费很大的精力，却未必能起到很好的效果的原因。

女生曹媛媛，在老师请她带着大家将刚学习过的一个单元给大家梳理一遍的时候，两手空空地上了讲台，面对大家，侃侃而谈：“这个单元共有三课，其中，第一课有四个框题，分别是……第二课有三个框题，分别是……第三课中，我认为要掌握的知识点有……难点有……一定要背熟的内容有……”曹媛媛讲完之后，大家不约而同地给了她最热烈的掌声。老师代表同学们问曹媛媛：“在大家都觉得这门功课比较枯燥和乏味的情况下，你为什么能将整个单元的内容都记得如此清楚？”

曹媛媛的回答是：“因为，在我的脑海里，有一张点面结合的知识网络图表。我不单纯是知识的接受者，更是知识的梳理者。建立知识网络图表，不仅能促使自己将所学的知识尽可能全部梳理一次，而且能从中发现自己的薄弱点，有针对性地查漏补缺，强化自己的知识储备。我从不将某个知识点孤立起来去加以记忆。因为知识点与知识点之间，是有着一定的逻辑联系的。建立知识网络图表，有利于树立全局观念，这对解答阅读分析题是非常有帮助的。我的阅读分析题很少丢分的原因，就在于我在解题的时候，能抓住所给背景材料当中的关键词，然后提炼出背景材料的中心内容，迅速和大脑中的知识网络图表建立知识链接。此时，再阅读设问，我就能根据需要很快地从我的知识网络图表中挑选出所需要的内容来。”

男生黄辉，课后从来没见他背诵过英语课文和单词，但是，每次默写，黄辉几乎都是满分。老师抽背课文，黄辉也总是最先背出的那一个。不管是男生还是女生，都对黄辉在英语学习方面的“天赋”佩服不已。有一次，英语老师偷偷地在办公室里告诉我们说：“今天，评讲习题的时候，有一条，我忽然感到自己很没有把握，我就灵机一动，说下面这一题请黄辉给大家讲讲吧。老天啊，黄辉分析得头头是道，竟将我感到没有把握的地方也理清了！这孩子，每个句型、语法都记得清清楚楚，我真是爱死他了！”

黄辉真是学习英语的“天才”？当然不是。黄辉的小窍门是，在理解的基础上记忆。黄辉说，常言说得好，课上一分钟，课下十日功。学习英语如此，学习其他功课，亦是如此。比如数学，一个公式或定理，如何将它记牢？死记硬背是不行的。但如果你在课堂上认真听讲了，知道了这个公式或定理是怎么推理得来的，那么，你就达到了将它记住的目的了。还有文言文的背诵也是如此，如果你不理解每句话的意思就生吞活剥地去背诵，那么，你不仅会痛苦万分，还会好不容易记住了，屁股一转，就又忘掉了。

当然，记忆方面的窍门，肯定远远不止以上三位同学所介绍的“对记忆的对象持有浓厚的兴趣”、“建立知识网络图表”和“在理解的基础上记忆”。

记得有一次，我在和王小棉的闲聊中，就无意间发现了另一个记忆的小窍门。

那天，王小棉翻看着我的手机，说：“妈妈你的手机里存的联系人多达133位，考考你，看看你能记得几个人的号码。”

我只报出了不到十个手机号码。

王小棉说：“你有没有注意到，你能记得号码的这些人，都是对你而言非常重要的人？”

我说：“那当然，家人和亲朋，是关心我们和我们关心的人。他们对我们而言，非常重要。所以，我们就会下意识地记住和他们有关的很多东西，电话号码啦，生日啦，饮食习惯啦等等。”

王小棉说：“也就是说，如果我将需要背诵的内容当成我的‘重要对象’，给自己明确记忆目标和要求，肯定是有助于记忆的。”

我说：“对极了！其实，有助于记忆的窍门还有很多的。比如，我以前有个地理老师，就喜欢教我们使用谐音记忆法。珠穆朗玛峰目前峰高好像是8844米吧？妈妈读高中的时候，地理课本上写的是8848米。我们地理老师在讲到这个数据的时候，手脚并用，做出一个爬山的动作来，嘴里同时喊着‘爬啊爬啊死劲儿地爬！’我一直到今天都记得8848这个数据呢。还有网络上流传的那个战国七雄的谐音记忆，你也是知道的吧？秦统一的是哪六个国家？用‘喊赵薇去演戏’（韩赵魏楚燕齐）马上就能记住了！”

由此可见，人的记忆力不是天生的，而是后天可学的。将“我记性不好”，“他天生过目不忘”挂在嘴上的人，其实，是在为自己的记忆惰性找借口。

11. 独学无友，合作学习

寒假里，王小棉收拾好书包，对我说，她已经和两名同学约好，一起到某茶社去，完成三套模拟试卷。

初听时，我本能地立刻加以反对：“不在自己家好好独立完成作业，跑到茶社那种地方做什么？不会是奔着抄袭作业更方便而去的吧？”

“纯属污蔑。从小到大，你可曾见我有过抄袭作业的先例？茶馆又不是闹市，来茶馆里喝下午茶的，大部分都是有文化有品位之人，我们每人出 10 块钱，就可以在那儿安安静静坐上一个下午，足够完成起码两套模拟题了。在家做作业，总是要分神。一会儿想看看电视，一会儿想吃吃零食，一会儿还想上上网，效率不高。”

“去茶馆就效率高了？既然是模拟题，就得当做考试一样，在规定的时间里，单独完成。”

“是啊，所以，我们‘搏杀高三三人组’才商定了一起合作完成这三套模拟题啊。”

“合作？如何合作法？你可别告诉我一人完成一套，然后实行所谓的成果共享啊。”

“这哪配称合作啊？那叫合伙抄袭！对我们‘三人组’的合作方案感

兴趣?”

“当然。你不将你们的合作方案具体讲给我听，我还真不放心把你交给茶馆。先告诉我，另两人都是谁?”

“都是你熟悉的。灿姐，我们班的英语尖子。特长和优势是只要老师课堂上讲过的知识，就能被灿姐牢牢吸附在大脑里。另一个更是你熟悉的，吴冕。语文成绩堪称一流。我每次大考，单语文这一门，就能被吴冕甩下将近 15 分！最后一个成员么，那就是初中时享有‘数学太后’之称的王小棉本人啦。”

我忍不住笑了起来：“还‘数学太后’呢。刚结束的那场期末考试，某人的数学成绩好像有点惨不忍睹啊。再不想方设法改变现状，我看你真要变成‘数学太后’——数学太落后了！”

“所以，我们三人才决定迅速成立‘搏杀高三三人组’，互相取长补短的嘛。”

“可是……”

“哎呀，妈妈，《学记》有云：‘独学而无友，则孤陋而寡闻’，我们老班还告诉我们，大教育家夸美纽斯也在其著作中明确提出，学生不仅可以从教师的教学中获得知识，还可以通过别的学生获取知识。我可告诉你，就我们这个‘三人组’，还是我们老班建议成立的呢。”

“好吧，好吧，那你赶紧给我说说你们今天合作学习的具体打算!”

“是这样的，今天下午我们准备各花一个半小时完成语文和数学模拟卷。你放心，独立完成，互相监督。比在家里要高效吧？完成之后，三人分工，交叉批改。三人都做对的题，直接跳过。有争议的，三人一起讨论。当然，我们的分工还是有所侧重的。吴冕重点负责语文的错题讲解与作文写作要点的分析，我和灿姐呢，分别负责数学与英语。明天上午，我们各人在家，完成其他的作业。下午，我们仍在老地点会合，先完成英语模拟题，再用同样的方法进行批改与订正。”

“好，你们能在客观分析自身的优势与不足的基础上，根据各自的实际情况进行合理分工，充分发挥各自的优势与特长，做到优势互补，这个做法我赞成。不过我可是有个建议，那就是合理分工之后，当落实责任了吧？要进行有效的合作学习，有个要件是不能忽视的，那就是要自觉承担责任和履行义务。每个人都必须将自己所承担的那部分任务切实承担起来。既然是合作，那就不能相互扯皮或相互推诿，没有人愿意与只想分享成果而不愿承担责任和履行义务的自私鬼开展持久的合作。”

“这是自然。毕竟，合作学习，可不是单纯的几个人的简单相加。吴冕的责任心你是知道的，灿姐呢，是我们的大班长，虽然性格有点‘娘’，但绝对是个有难必帮的热心肠。连我们老班都说我们三人是‘强强联合’呢。”

“既然你们对‘搏杀高三三人组’的合作学习计划得如此周详，我就不反对了。不过，如果我是你们老班，为了能让这样的合作学习小组能发挥出它应有的作用，我会考虑一下评价与激励机制的。”

“你的这个建议不错。否则，合作学习流于形式，可能会衍生出依赖、抄袭等负面现象。我会找机会和我们老班就这个问题进行交流的。”

寒假结束后，学校进行了以检查寒假作业的完成质量为主要目的的检测。令我想不到的是，王小棉竟一扫往日低迷状态，取得了年级第三的好成绩。王小棉理性分析了自己这次成绩飙升的原因：“内因方面，我自己抓得比较紧。几乎每个下午，都和灿姐、吴冕进行了互助合作学习，高质量地完成了老师布置的所有寒假作业。外因方面，可能有的同学寒假里有所放松，思想上不够重视。这个成绩，只能说明我寒假这一段时间的合作学习策略很有成效，能不能将这个成绩保持下去，还有待于我更进一步的努力。”

“我觉得你们这个‘搏杀高三三人组’应该继续合作下去。起码要坚持到高考。”

“这是当然。这次检测，我们三人全部名列年级前十名呢。老班说我们是所有的合作小组中取得进步最大的。对了，你上次提的关于评价与激励机制的建议，我们老班已经予以了采纳。老班说，她将以这次每个合作小组成员的各门功课的总分为基准，与一个月后即将进行的模考进行比照，到时候，哪个小组进步了，哪个小组退步了，进步退步的幅度有多大，都将一目了然。届时，对进步幅度大的小组将予以精神上的奖励，对退步幅度大的小组，则要酌情进行成员的重新调整。我们老班让我代她谢谢你呢。你别说，得到老班的这一表扬与肯定，我还真有点成就感。”

12. 美好“语感”读中来

今年的高考，最让考生们感到有难度的是英语。然而，王小棉隔壁班上有个男生卢家豪，竟考出了109分的高分（满分120分）。我恳请王小棉牵线搭桥，终于加了卢家豪的QQ。

“家豪你好，我是王小棉的妈妈。首先祝贺你这次高考考出那么好的成绩！”

“小棉妈妈好。小棉和我说过了，说您想和我聊聊学习方法方面的话题？”

“不好意思啊，我知道不少考生在经历过高考之后，有好长时间都不想和别人聊学习。但是，我还是想试一试。因为，包括我在内的很多家长，还有很多准备参加高考的学生，都很想多了解一些优秀学生累积下来的宝贵的学习经验。你能答应和我聊这个话题，真的很感谢你。”

“没关系的。如果我的学习方法能使更多的同学获益，我也会很有成就感的啊。授人玫瑰手留余香嘛。”

“好！你今年的英语能考出109分的高分，真是让人佩服。能介绍介绍吗？”

“也没什么很特别的啊。也就是该读的读，该背的背，该练的练。”

我有些心有不甘：“那，我们家王小棉也读也背也练，怎么就和你有着蛮大的差距呢？”

“如果实在要我总结出什么经验的话，我想，倒是有一条：语感。语感的培养，很重要。”

“语感?”

“对。它是一种能直接、迅速地感悟语言文字的能力。如果形成了强大的语感，那么，在阅读时，就不仅能快速、敏锐地抓住语言文字所表达的真实有效的信息，感知语义，体味感情，领会意境，而且还能捕捉到言外之意、弦外之音。而语感能力差的，接触语言文字时，就仅能领略其内容的一鳞半爪了，甚至还可能会曲解其意，不得要领。学好英语，加强这种能力的培养必不可少。这次高考，在做完形填空的时候，这种强大的语感，甚至在我没看选项的情况下就直接告诉了我答案。”

“那么，你是如何培养出这种强大的语感的呢?”

“一个字，读。语感是读出来的。一定要读。可是，有不少同学就是不愿意开口读英语。这是形成语感的一大障碍。”

“是啊。前几天看电影《中国合伙人》，王阳就曾经说过这样的一段话，100 年来，中国人一直都是闭着嘴说英语。为什么不敢开口?因为害怕自己的中式英语让别人听了难受。要学好英语，不努力克服这道心理难关肯定不行呢。”

“是啊，这部电影我也看过了。后面那句台词也挺经典哦，‘但是别忘了，你们英语讲得烂，难受的是听的人！你们怕什么啊?’如果怕开口读这道难关攻破了，后面的问题，就好解决得多了。”

“你一般选择什么时段读?”

“这个，得因时因地因人而异。我习惯起床后读十到十五分钟，早晨肯定是读英语的大好时间，不能错过。此外，大课间长达半个多小时，也是可以利用的。英语课上，肯定也有可以用来读的时间与机会。还有，晚上临睡前，也可以再读上十几分钟。”

“那你一般都读些什么呢?”

“英语课本里的单词与课文，那是要勤读与熟读的。与课本内容相配套的磁带与光盘里的内容，那是要跟读与朗读的。当然，可读的内容，可不能仅仅局限于这一些。”

“是啊。我记得我们家王小棉购买过一些英文原版小说回来看，如奥斯汀的《傲慢与偏见》啦，以及梅尔的《暮光之城》啦，每天都要看上几页。但是，我好像很少听到她读出声来。”

“我也买了些这样的书。不过，我逼着自己大声地读出来。遇到读不出来的单词，我会查阅工具书，然后用笔在书上做上记号。坚持做下去，词汇量丰富了，语感，也就慢慢地培养出来了。”

“是啊。王小棉就欠缺在不肯开口读上了。她在网上下载了不少英语原声电影。我和她一起看的时候，帮她按下暂停键，让她对照英文字幕读台词，她怎么也不肯。”

“这其实是个好办法啊。可以通过这种对比阅读，寻找自己在语音、语调以及情感上的差距。对了，还有一点，我觉得，也对我的英语学习起到了一定的作用。我家楼上，租住着一个医学院的外国留学生。我经常找机会去他那儿玩儿。我教他说我们的南通方言，他陪我练习口语。上次，我陪他夜游濠河，人家还以为我是他请的专职导游呢。”

“怪不得你能在高考时考出那么好的成绩来。除了开口读与说之外，写与练，也是必不可少的吧？”

“是啊，那是必备的基本功了。不过，有的同学只满足于写老师布置的作业。我是给自己加了三个和写有关的内容的。第一是摘抄类的。所阅读的书报里的好的文章啊，段落啊，语句啊，写下来，利用空余时间，细细地去读，去品，去背。二是仿写类的。对照经典范文，进行仿写。多揣摩长句难句的结构与用词。努力寻找并弥补两者之间的差距。三是原创类的。努力地在老师的指导下，每天写上几段英文日记。所谓‘拳不离手，曲不离口’，对提高书面表达的能力很有好处。这一点，其实和学好语文是相通的。”

家豪下线了。我喊来王小棉，让她逐条逐条地看我和家豪的聊天记录。王小棉看完之后，慨叹一声：“我就亏欠在缺乏语感上了！我记住了，美好‘语感’读中来！好在为时未晚，今后去读大学，英语还是要学的。卢家豪的这些方法，也还用得上。”

晚上，王小棉打开高考前还没来得及读完的《傲慢与偏见》，冲着我喊：“妈妈，我要开口大声读啦！你要是觉得难听的话，就堵上耳朵啊。”

我亦大声说道：“堵什么堵啊。今夜闻君读英语，如听仙乐耳暂明！”

第六章　做一朵坚强的玫瑰

——以平常心，考非常试

导读：进入高三，孩子必然要面临众多的考试。考试成绩的好差，会引起孩子情绪的波动、自信心的摇摆。如果你的孩子存在着一定程度的考试焦虑，屡屡出现“上场昏”，该如何积极应对？如果成绩出现大规模的倒退，该如何对孩子进行心理疏导？那么，就让我们从平时做起吧，须知，只有平时举轻若重，考试时，才能举重若轻！相信能以一颗平常心驰骋考场，才能形成自己的气场，才能成为那个笑到最后的人！

1. “当众孤独”，克服面试焦虑

一般的考试，王小棉是不焦虑的。倒是我，常常跟在王小棉的屁股后面追问：“你怎么就这么不把考试当回事呢？你就不担心考砸了吗？”王小棉对我这样的追问通常是不屑于回答的，至多是将眼角朝着她爸一飞，她爸就心领神会地把我从王小棉的屁股后面拉走：“你就放心吧，咱小棉不都是久经考验的考场老战士了嘛，要是都像你，第二天有点什么超出日常生活之外的事就整夜紧张得睡不着觉，咱小棉的高三日子还怎么过啊？你知道高三有多少考试要对付啊？”

但王小棉终于还是考试焦虑了。导致王小棉出现考试焦虑的当然是不一般的考试。三月，王小棉在走完填写志愿表、取得学校推荐资格、通过材料的审核等一系列的程序后，获得了去北京参加某高校的自主招生考试的资格。

其实焦虑发作的前兆早在去北京之前的那个下午就已经出现了。症状是感冒加发烧。在社区医院打了三个小时的点滴后，王小棉就又活蹦乱跳了。活蹦乱跳的王小棉自嘲道：“小样，不淡定了嘛。早知道紧张会导致身体的免疫力下降还得挨针扎我就不紧张了！”我以为自嘲之后的王小棉不会再傻乎乎的紧张了，可是，等到坐了一夜的火车，在酒店里安顿下来，我发现，王小棉开始坐卧不宁了。王小棉先是说酒店的光线太暗，后说周遭的环境太嘈杂，最后再抱怨房间里的空气太浑浊，总之，王小棉在“自招”的笔试与面试的前夜，就像一只困兽，在逼仄的房间里荡过来又荡过去。我看得头昏，就建议王小棉将明天一早的“自招”暂且撇下，睡一觉再说。王小棉对我的建议很是嗤之以鼻，王小棉说：“这么重要的考试之前，你不建议我尽快适应环境静下心来好好复习迎考也就罢了，你居然建议我埋头睡大觉！”王小棉批评完我之后，心安理得地钻进被窝里，准备睡觉了。可是，王小棉终究是有心思的，每过一会儿就探头出来问我：“妈妈你说现在像我这样的来京城赶考的人中，能安然躺在酒店里睡大觉的是不是只有我一个人？”我说：“可能。”王小棉说：“那可不行，我得看看书。”王小棉从书包里掏出两本厚厚的关于如何应付“自招”考试的战术指导和习题集之类的书，有一搭没一搭地翻看着。

我将书从王小棉的床上搬开，和王小棉闲聊，对王小棉进行心理疏导：

“你终于还是紧张了？”

“哦，我王小棉又不是神的孩子！”

“能告诉我你为什么紧张吗？”

“怕考不上呗！要是明天去参加考试的是你，你能不紧张嘛！”

“嘿嘿，就是就是。只怕妈妈比你还要更紧张。所以，其他考生肯定也是紧张的。适当的紧张其实是必需的，有利于维持考生的兴奋性，能提高注意力和反应速度，但咱们可得把握好焦虑的度。因为焦虑度与考试效果是呈‘倒U型曲线’的。也就是说，保持中等强度的焦虑时，考试效果最好。过高或过低的焦虑，则会严重影响考试成绩。其实，来北京考试，无非就是两种结果，考上了或者考不上。你刚说了，你王小棉又不是神的孩子，考不上也很正常嘛。”

“可我是想考上的啊。”

“我也希望能出现这样的结果啊。可是，想考上是不是得有很好的精神状态？你如果精神一直如此亢奋如此焦躁不安甚至整夜失眠，你想想，明天的笔试和面试，你会发挥出正常水平不？”

“道理我都懂。可我还是担心。”

“你要相信自己的实力。你可是来自江苏南通的考生。咱们要有一种‘舍我其谁’的霸气。每个考生，临上考场前，都得将自己的状态调整到最佳，形成自己的气场，这样才能有助于自己水平的发挥。自信，你知道不，自信很重要。”

在我的积极疏导下，王小棉终于睡着了。上午，笔试顺利。然而，下午的面试之前，王小棉又紧张了。这次紧张的症状不是坐卧不宁了，是手脚冰凉。原本是初春的天气，王小棉穿着厚厚的羽绒服还是嚷着冷死了冷死了。我把王小棉的两只手紧紧捂住，说：“我知道你又在自己吓唬自己了。你只要做好两件事就好，第一，‘当众孤独’。‘当众孤独’知道不？就是当你进入考场，请不要在意面试考官们的存在，不要在意摆在你面前的录音设备，不要在意偶尔出进的人员，不要在意门外的嘈杂声。将考场设想成幽静的山谷。山谷里，只有一个人，只有你坐在那里安安静静、认认真真地读着那些字词和文章，说着你内心里最想说的话。这样，你还会紧张吗？第二，你可以有锋芒与棱角，但是，一定要记得，不要让你的锋芒与棱角成为刺伤别人的武器。平日里，你有些小刺青范儿，看问题容易剑走偏锋。所以，话题阐述的时候，一定要注意全面辩证。我想，就凭你的知识积累以及在与妈妈17年来的斗智斗勇中历练出来的一口好辩才，我相信，咱们王小棉一定能在面试中取得好成绩！”

王小棉把手从我的手里抽出来，原地跳了几跳，说：“好。妈妈，那我抽签去了啊。”

后来，出了考场的王小棉告诉我，拿到话题后，她迅速整理了思路，然后，收敛心神，很快进入“麦田歌唱状态”。王小棉问我：“你知道什么叫‘麦田歌唱状态’不？就是将考官当做田里的麦苗。而我，就是一个对着麦苗歌唱的歌手。麦苗在我的歌声中愉悦地舞蹈。”我笑着擂了王小棉一拳，说：“我还以为是什么新鲜玩意呢，可不就是我说的那‘当众孤独’嘛！”

王小棉的面试成绩如何？优秀。

2. 考试间歇，学会迅速遗忘

一模考试期间，帮王小棉收拾书房，无意间发现写字台上的一张草稿纸上，有一句王小棉发的牢骚。王小棉的吐槽，引起了我的重视——遭到“anti”了！被边缘化了！

怎么在如此重要的考试期间遭到“anti”（反对）了呢？还被边缘化了？一定是发生什么事了。据我所知，王小棉的人缘一直不错的呀。一问，才知道问题出在“对答案”上。

语文考试结束后，王小棉在从考场回教室的路上，看到了倩同学。倩同学看到王小棉，很高兴：“那语言文字运用部分的第一题，你选的是 A 还是 C 啊？还有，这次的话题作文，似乎难度不小啊，你是怎么写的？我好像觉得自己写偏题了。”王小棉伸出一根手指，对着倩同学摇了摇，继续往前走。刚走几步路，迎面又碰上了从另一个考场上出来的楚同学：“嗨，王小棉，那道在空白的语段中填入最恰当的成语的题，你选的是 B 还是 D 啊？我怎么觉得两个选项都对呀？”王小棉伸出两只手，学赛场上的裁判，很果断地做了个暂停的动作。结果，倩同学和楚同学就生气了，回到教室后，王小棉就发现气氛有些异样，原来，自己已经被倩同学、楚同学还有那些与倩同学和楚同学关系比较铁的同学“anti”了！

我安慰王小棉道："我觉得你没做错吧，"anti" 就 "anti" 吧。考后不谈答案，这应该是考试锦囊之一啊。等考完所有的科目，抽个时间，和他们沟通沟通，将你对'对答案'喊停的原因分析给他们听便是了，相信他们会理解你的。你呢，现在就别郁闷了。赶紧的将所有干扰考试的杂念抛开，好好复习下一门。"

是的，我是一直要求王小棉"考试期间，不谈考试"的。俗话说，"养兵千日，用兵一时"，谁都希望自己能在考试中，将自己平时苦心练就的十八般武艺通过考试这一平台一一展示出来，以获得满堂喝彩。然而，有时候，你却又发现，考场确实是个不一样的甚至有时还带着些吊诡的地方。只要你的双脚踏进去，你的全身，就会出现一些异样的反应。比如，心跳加速了，两手微颤了，甚至于你的脑中，还居然出现短暂性的空白了！总之，你紧张了。复习得不够充分啦，缺乏自信心啦，考试失败的经历啦，缺乏一定的竞争能力啦，心理生理因素啦，导致考场紧张的诸如此类的因素有很多，但有一个因素，由于它具有一定的隐蔽性，可能容易被人忽视，这个因素就是，走出考场后，有的同学喜欢做的第一件事是，急吼吼地拽住同学，迫不及待地要和同学"对答案"。

我监考数百场，每场考试结束，我基本上都能听到这样的对话：

问："第一题你怎么做的？"

答："……"

哀叹："啊，完了完了，我做错了！"

问："最后那道计算题，你的结果是多少？"

答："……"

恼火："天！我第一次也是这个结果，可我后来改掉了！"

当然，也有皆大欢喜的："哎……我还以为自己做错了呢！"

仔细观察问、答两人的情态，是件很有意思的事。一般情况下，主动发出对答案信号的问者，大都属于缺乏自信型的，他们对自己的答案，往往心存怀疑，所以，他们将消除自己的不安与惧怕的希望，寄托在比自己的成绩要略胜一筹的同学，希望能从这些同学身上重拾自信。所以，问者的眼睛，通常是瞪大的，眼神是急切的，手心则是微汗的。而答者，相对于问者而言，由于具有一定的成绩与心理优势，无论是表情还是神态，都明显要从容些。眼里是含笑的，语气是平淡的，心情呢，不消说，如果问者露出的是沮丧，那么，他们表现出来的，则是愉悦了。所以，你看那些喜欢在考试间隙里找人“对答案”的同学，可不就是在给自己找不自在？

每逢考试，我必要叮嘱王小棉，交卷之后，迅速离开考场。遇到成绩不如你的，明确表达自己“考试期间，不谈考试”的态度。遇到成绩比你好的，更要拔腿就溜。总之，能躲则躲，坚决抵制住交流考试答案的诱惑。因为不管是你与谁对答案了，你都有可能碰到你的答案与他人不一致的情况。在无法判断到底谁的答案才是正确答案的情况下，你极有可能做出自己是错误的那一方的判断。而这种判断，将会迅速地产生一种可怕的考试破坏力。它会让你轻则心情沮丧，无心复习，重则严重焦虑，斗志全无，导致后面几门考试场场失利、步步溃退。

那么，怎样才能走出在考试的间隙里“对答案”的误区呢？我给王小棉的建议是八个字：“迅速遗忘，快速投入。”

迅速遗忘，是指要用最短的时间将已经考完的科目从脑海中迅速撤离出去。为什么要迅速遗忘？因为那些考试内容已经成了过去式，多想无益。更重要的是，后面还有更多的考试内容在等着你。你的大脑就像是一只容器，撤离掉过期的内容，才能容纳更多的和更必须的内容。坚决不和同学对答案，就是迅速遗忘的必然要求之一。

而快速投入，则是迅速遗忘的必然后续要求。快速投入，是指在迅速遗忘的基础上，以饱满的精神状态，迅速投入到下一门考试的复习应考中。比如，可以将已经考完的科目的书本、笔记和其他的相关资料全部撤离自己的视线，代之以待考科目的。一个人在同一段时间里，专注度越高，复习的效率也越高。而高效的复习，乃是增强自身实力的有效途径。没有实力做底子，不管你是不是有考后与同学对答案的习惯，你都会在面对考题时心生怯意，紧张失态。对考生而言，实力，才是硬道理，才是战胜考试焦虑的最重要的法宝。

3. 学会“归零”，应对“大脑空白”

在驾校学习时，我曾经遇到过一个堪称为奇葩的考生，非常漂亮的一女孩。在我们还不懂倒挡与一挡的区别的时候，她已经能将教练车从驾校门口那条只能容一辆车通过的狭长的小巷子开出了。但是，在我们都将驾照拿到手之后，该学姐又出现在下一批学员中。

问题出在哪儿呢？

原来，该学姐患有典型性考试恐惧症。路考连续考了八次，每次花样翻新地犯错。八次考试失败经历还真精彩纷呈——第一次，上车之后，忘记了系安全带。第二次，安全带倒是系上去了，三挡起步，车子熄火了。第三次，车子倒是走起来了，忘了打左转向灯直接就往路中央开。没戏了。第四次，前面诸事顺利，半路上遇到了一辆拖拉机，吭吭哧哧地跟着跑，半天了也不敢超车。没指望了……最好玩的是第八次，考官都已经在单子上签字通过了，该奇葩一时狂喜，靠边停车时，竟将油门当成了刹车，车子发出的那声轰鸣，让考官恼羞成怒，结果，单子撕了，驾照，飞了！

该学姐可怜巴巴地问我们：“我平时练习得都挺好的啊，这些问题根本就不会出现的，为什么一到考试，我的头脑里就出现了一片可怕的空白呢？”

考试时出现“大脑空白”，可能很多考生都遇到过。考试过程中，考生为什么会出现“大脑空白”？出现“大脑空白”时，该如何积极应对？

所谓“大脑空白”，指的是在短促、强烈的情绪状态下脑活动受到抑制引起的思维停滞乃至精神衰竭现象。重大成功后的狂喜，以及遇到惨败或不幸事件后陷入不能自拔的悲伤、面临突然事件引发的紧张和焦虑，都可能使大脑处于“空白状态”。

“大脑空白”现象困扰着许多人。对即将走上高考考场的高三学生而言，探寻出现这一现象的原因和应对的策略非常必要。

作为久经“考”验的高三学生，出现“大脑空白”的具体原因可能来自于以下几个方面：第一，对自己的期望值太高，已经远远超过了自己的现有水平与实力。第二，考前准备不足，存在考点复习的疏漏，极害怕没复习的部分会出现在考卷上，因此导致心慌意乱。第三，缺乏平常心，太过于在乎考试结果，过度紧张。此外，考前打疲劳战，缺乏必要的睡眠也是出现“大脑空白”的重要原因之一。

那么，出现“大脑空白”时，应如何积极应对呢？前几天参加了一个教育沙龙，与一个富有教育教学经验的老师聊起这个话题，她语出惊人地说，每次考试之前，我都会在动员班会上和学生谈这个问题，我的观点是，出现“大脑空白”，是一件很了不起的事！

我当即很感兴趣地向她讨教：人人都惧怕自己“考场昏”，为什么你会认为出现“大脑空白”是一件了不起的事呢？

该老师侃侃而谈：考生为什么会紧张？我认为，最根本的原因是头脑中的杂念太多。比如，害怕达不到考前的期望值啦，害怕考后被家长责骂被同学耻笑啦，害怕因为考试失败而失去既得利益等等，考生如果带着这样的思想重负走上考场，思前想后，患得患失，不紧张才怪。而如果考前出现了“大脑空白”，也就是说，出现了将这一切杂念予以“归零”的现象，难道不是一件值得欣喜的事？因为，唯有屏蔽一应杂念，才能心无旁骛，才能全身心投入到考试之中，也才能超越自我，达到正常甚至超常发挥的水平。

一旁有位体育老师频频点头，说，还真的就是那么一回事！记得北京奥运会上，开赛第一天，三朝元老赵颖慧就被淘汰出局，后来，前冠军高陵又惨遭淘汰。当时舆论普遍认为是老将们面临的压力太大。我却觉得这不是根本原因。哪一个奔向奥林匹克赛场的运动员没有压力？应该说，年轻的新手，没有大赛经验，压力更大。但新手们的表现却更让我们惊喜。所以我认为老将失手，不在实力与压力，而是，他们心里装着太多的不舍，舍不得进行“归零”——我是前奥运冠军，我怎么能失败？我失败了如何面对舆论，面对大家？后来杜丽夺冠，就充分证明了，要成功，必须学会“归零”，做好随时“一切从头再来”的准备！

女老师说，是啊，“归零”不仅是一种勇气，更是一种智慧和境界。只有忘却昔日荣辱，才能直面现实，轻装上阵，放手一搏。所以，我一直和我的学生们讲，在心理上，不要惧怕考场上出现“大脑空白”，而是要感谢“大脑空白”现象的出现，因为这种现象的出现，提示着我们已经进入了“归零”状态。相信摒弃杂念后出现的这种“归零”状态，不仅无害，反会有益。我们所要做的，是尽快让自己迅速冷静下来，可以不要急着看考题，闭目养神两到三分钟，辅之以深呼吸，这样就能在最短的时间里迅速调整好状态，寻找到思维的激发点。

回想起来，如果我驾校的那位学姐，能够有机会参加这次教育沙龙，能聆听到这位老师的教育理念，从而学会将八次考试失败的经历从自己的大脑之中“清零”出去，那么，她还会在看到考官之后胆战心惊么？还会花样翻新地犯错么？我想，如果她学会了“归零”，那么，考试时她所要做的唯一的一件事就是将平时怎么做的加以演示而已。这种演示，在多次的上路练习中，她已经做得足够好，所以，完全可以毫无悬念地拿到驾照。

当然，对高考生而言，除了心理上的“归零”之外，要应对“大脑空白”，还要做好其他的几件事，如与父母好好沟通，合理调整自我期望值；考前保证充足的睡眠，有张有弛，适当放松身心；认真复习，保证复习的广度与深度，增强自信心；考前进行积极的心理暗示：“我一定能考好！”等等。

学会“归零”，“大脑空白”不可怕！

4. 物我两忘，抵制内外干扰

最后一次模拟考试的前一日，王小棉看考场回来，唉声叹气，问其缘由，答曰自己缺乏地利，“前有‘学霸’，后有‘学渣’”。“学霸”气场强大，使得本来就大的考试压力更增加了几分。而那被戏称为“学渣”之人，又极不安分，听闻忒喜欢考场作弊。

等到第二日，王小棉考完语文回来，更是跺脚大叹：完蛋了完蛋了！原来，监考王小棉考场的，偏巧就是王小棉的班主任兼语文老师。从开考起，老班就若一棵树，稳稳扎根在王小棉的身侧。王小棉战战兢兢，才做完头两道选择题，便听得耳边传来老班的一声娇斥：“呸!”可怜的王小棉被呸得先是一个激灵，而后昏头昏脑，将两道题的答案擦掉重新填写。刚刚改完第一题，耳边又传来老班的“呸呸”声。莫非是第一道题本来是对的，错的是第二题？王小棉就又将第二题的答案擦掉重新填写了另一个。这次更糟了，耳边传来的是老班气愤到了极点的连续三声“呸呸呸”！王小棉说幸亏后来急中生智，将自己的试卷遮掩得严严实实，老班这棵树才移栽到其他地方去了。不过，考完后，王小棉人还没出考场，老班就把王小棉拎过去教训了一通：“第一题你做得正确的你乱改什么改？第二题你怎么改来改去的还是选了个错误的?”王小棉有苦说不出，哭丧着脸，赶紧逃离。

王小棉她爸有点不高兴了，说："你们老班怎么这样啊？监考老师本来就不应该在同一个考生身边长时间停留。何况这个考生还是自己所教的嫡系学生。怎么也得避避嫌的吧？作为一个监考老师，怎么能对考生发出种种提示信号呢？你们学校也真是的，也不能因为这次模考是自己学校命题的就如此不严肃吧？安排监考的时候总归要考虑到回避的吧。"

王小棉说："就是就是。如果不是我们老班那三次'呸'，我就能冷静思考了，我第一、二题就都能做得出来了。现在可倒好，两题，6分，全丢了！"

我说："咱们似乎不能将自己没考好的原因全归结到老班的三次'呸'上吧？我觉得呢，你王小棉自身的因素才是最关键的。首先，是自己的基础知识不扎实。如果基本功扎实，你这两道题都做对了，老班她能'呸'你么？其次，我觉得，你的定力还不够，还没能掌握一些应对考场外界干扰的'必杀技'。这种抗拒环境干扰的能力，不是与生俱来的，需要后天的训练。你知道毛泽东年轻的时候是怎么训练自己的注意力高度集中的吗？他每天坚持到城门洞里和车水马龙之处读书。这种能力，对他后来成为一名优秀的军事家，在炮火连天的情况下，依然能够非常沉静地、注意力高度集中地在指挥中心判断战略战术的选择和取向，带领中国革命从一个胜利走向另一个胜利起到了非常重要的作用。"

她爸乘机"揭竿而起"："那我从今天开始，要将电视机开到正常的音量。我要积极配合你王小棉，一起来培养这种不管外界环境多么嘈杂你也能闹中取静的能力。明后天的考试中，肯定还会有其他的外界干扰因素会试图影响你，比如，监考老师可能穿着高跟鞋走来走去，坐在你后面的那个同学可能会让自己的桌椅发出讨厌的声音，甚至可能会提出要你给他抄答案的无理要求等等，你一定得做好这个方面的准备。老爸送你一句话，保管你受用——不管西南东北风，我自岿然而不动！"

我补充道："其实，有时候，考场上的干扰因素并不仅仅来自于外界。所以，你还得学会抵抗来自自己内心的干扰。"

王小棉狐疑地问："内心的干扰？"

"就是心存杂念，情绪波动。出现了与考试无关的兴奋。这种内心干扰产生的后果，甚至会比外界的干扰更严重。如果你考试的时候，心里想着的竟是纷繁复杂的与考题无关的杂事，曾经玩过的游戏，曾经和同学闹过的一次不愉快，你又怎么能以最佳的状态应付考试？还有，如果你的情绪不稳定，心浮气躁，那么，外界的哪怕是汽车的一声喇叭的鸣叫，都会让你陷入更严重的心浮气躁之中。我们常常说的以一颗平常心积极应对考试，说的就是心态要平和与稳定。这种排除内心的干扰的能力，同样需要培养。”

王小棉说：“这个我做得不错的啊。平时上课的时候，我都能自觉做到专心致志心无旁骛的。考前，你们知道候考室里有多喧闹？但我就是能够做到打开课本，迅速进入复习状态中去。”

“是啊，明确的学习目标、浓厚的学习兴趣和良好的学习习惯，这些都是锻炼与提高自己的抗干扰能力的必备条件。但考场是个不一样的地方。你有没有想过，平时你是很能抗干扰的，为什么老班的几声‘呸’却让你慌了手脚呢？”

王小棉说：“除了语文一直是我的弱项，实力不足外，还有个原因，是因为我的心理素质还不过硬吧？”

我说：“说得对。所以，除了在今后的学习中对语文要有所倾斜外，咱们还要加强心理素质的训练。尤其是自信心的培养与训练。考前，可对自己进行积极的心理暗示：我一定能考好的！要知道，只要内心从容，不管有没有人在现场对着你的考卷横加评论，也不管你的身前身后坐着的是什么样水平的考生，我们都能零干扰地完成每一场考试！”

王小棉说，老班之“呸”，倒是真让我明白了一个道理——考场制胜的第一法宝，乃物我两忘，如同老僧入定。即便是满考场都是“学霸”、“学渣”，那又能奈我何？只要我将那外界干扰和内心杂念一一抛开，我定能镇定自若，交出一份令人满意的答卷！

5. 别让思维定式误了你

这个消息，太让人难以接受了——女孩齐槐的高考分数居然没达到今年的一本线！

是的，在人们的印象中，齐槐是个非常优秀的孩子。想当年，王小棉还在百名开外艰难前行的时候，齐槐就已经是王牌部队里的领军人物了。

齐槐的父亲是某报的编辑，和我相熟。齐爸爸经常将齐槐的作文发给我看，半遗憾半得意地说女儿的作文比他这个当爸的强得多了。平心而论，齐爸爸并非言过其实，齐槐的文字，老道大气，又不乏幽默俏皮，更兼有独特的思想见地。每次读齐槐的作文，我都会汗颜——与齐槐相比，王小棉的作文，简直没一篇是能让我拿得出手去炫耀一回的。

齐槐的妈妈是高中数学教师，教学水平一流。为了能更近距离地陪同齐槐搏杀高三，齐妈妈费了九牛二虎之力，才终于如愿以偿，在齐槐读高三的这一年，担任了齐槐的数学老师。齐槐的数学成绩如何？从大家封给齐槐的那顶“数学女皇”的帽子就可想而知了。

至于英语，别的同龄孩子连自己的母语还说得不怎么利索的时候，齐槐的妈妈已经给齐槐报了英语学前班。小学、初中阶段，齐槐一直坚持学《新概念》。读高中后，齐槐拜到外籍教师约翰逊门下，每周坚持不懈地练习口语。所以，每次大考小考，齐槐单是英语这一门，就能轻飘飘地高出第二名十多分。

这么优秀的齐槐，自然是学校的重点培养对象。学校有个“北大后备班”，齐槐就是这个班的重要成员。齐槐报名参加了北大的自主招生考试，不负众望，获得了20分的加分。

没人想到齐槐会与北大擦肩而过。班上同学改称齐槐为“齐北大”的时候，齐槐坦然笑纳。我向齐爸爸表示祝贺的时候，齐爸爸也说：“谢谢你，说实话，我们全家都舒了口气。这下我们都轻松多了。有了这20分，孩子的压力小多了。没了后顾之忧，我想我女儿应该更能轻装上阵了！”我说：“有道理，说不定今年那高考的状元，就有你们家齐槐呢。”齐爸爸哈哈大笑，说：“不敢！不敢！”

谁想到齐槐会考出这样的一个分数来呢？

所有的任课老师，所有的同学，都无一不在为齐槐扼腕叹息之后发出疑问：“问题出在哪儿呢？”

后来还是齐槐最好的朋友张芜揭开齐槐考砸了的原因的。张芜说，拿到北大“自招”20分的加分之后的心态过于放松，此其一。但这不是最主要的原因。齐槐北大梦碎，还有个不容忽视的原因。

下面是张芜的解析：

那天，数学考完之后，我高兴得直想放声歌唱。你们知道的，数学是我的噩梦。没想到今年的数学竟是那么平易近人。我急于找到一个人共同分享我的快乐。就在这个时候，我看到了齐槐。我想，一向有着“数学女皇”美誉的齐槐，应该更开心了吧？可是，齐槐的眉头紧锁着，好像并不是很开心的样子。我就上前和齐槐打了个招呼，说：“嗨，齐槐，是不是因为今年数学简单了你的数学优势发挥不出来了拉不开和其他考生的差距了所以你才这种表情啊？”齐槐勉强冲着我笑了笑，心事重重地走了。齐槐的妈妈在考场外面等着她。我看到两人好像在激烈地争论着什么，然后，齐槐就哭了。

是的，齐槐的问题，出在最不应该出问题的数学上。齐槐之所以得一“数学女皇”的美誉，有先天因素，更有后天别人没有的优势——妈妈就是一水平顶尖儿的高中数学老师。齐槐平时练习的题，都是妈妈搜罗来的经典压轴题，有的索性就是妈妈自己精心设计的原创题。齐槐以征服压轴题为最大乐事。也就是说，一份试卷，最能触发齐槐的兴奋点的，就是最后几道压轴题。可是，今年的高考题，太过于顺风顺水，做完所有的题之后，齐槐对自己的答卷产生了深深的怀疑——怎么可能这么容易呢？一定是自己出什么问题了！齐槐将最后两道题的解题步骤与答案全部推翻，按照自己以往的解题经验，将本来比较简单的题目进行了重新思考。简单的问题复杂化之后，简单就演变成了一种复杂。也就是说，事实上，齐槐的最后两道大题目，都出了问题。那分值，可是将近40分啊。

齐槐被思维定式给害了。“久会而成习，久合而成惯，久应而成习惯思维”，思维定式对问题解决既有积极的一面，也有消极的一面，它容易使我们养成一种呆板、机械、千篇一律的解题习惯，甚至会使解题者步入误区。齐槐的教训，很惨痛。

更讨厌的事还在后面。过去，家有数学老师，近水楼台先得月是一件令人羡慕的大好事，可是，在齐妈妈和齐槐交流过数学考试尤其是最后两道题的答题情况之后，齐妈妈就知道女儿的数学考砸了。如果考砸了的是自己的其他任何一个学生，齐妈妈肯定会运用自己多年的送考经验，对学生加以及时的心理辅导。可是，考砸了的是自己的女儿，齐妈妈就有些失去冷静了。齐妈妈对齐槐说，你数学已经考砸了，后面的英语考试，你一定要保证做到万无一失。否则，后果妈妈就不用和你说了。齐妈妈的不冷静很快就传染给了齐槐。第二天下午，考英语的时候，齐槐胆战心惊，患得患失，在这样的一种心态之下，齐槐发现，自己的听力似乎出了问题。自己越是着急，越是听不清广播里播放的对话或独白。

大局已定，空余恨。

打破思维定式，这不是一蹴而就的，得在日常生活中通过培养自己的创新思维品质来有效克服思维定式的消极影响。不被固有的经验所困，不迷信权威，不盲目从众，不墨守成规，敢于发现新问题，提出新见解，都是值得一试的好办法。

6. 甩开包袱，轻松入眠

高考前夜，我一直隐隐担忧的事，还是发生了——王小棉失眠了。

读高三以来，王小棉上床睡觉的时间基本上都是晚上 11 点左右。前后绝对不会超过半小时。而且，无须任何催眠手段，五分钟内，绝对进入高质量的睡眠状态。可是，今夜，王小棉在黑暗里睁着一双失眠的大眼睛，可怜巴巴地喊我："妈妈，我睡不着。好闷热啊。"

我心里一沉。今夜，窗外下着雨，非但不热，反倒凉意袭人。看来，这闷热，来自于心里的烦躁与亢奋。我找了一把折扇，坐到王小棉的床边，说："乖，你闭上眼睛，我给你扇一扇，陪你说会儿话。"

"我的脑子里，就像跑马场。又像过电影。乱糟糟的。"

"正常。临上考场前，考生脑子里盘旋着的东西，无非三大样。你看看妈妈分析得有没有道理。一是负疚。担心自己考得不好会对不起父母和老师。二是紧张。总觉得自己还没复习好，准备得还不够充分。三是虚荣。害怕自己考不好会被老师和同学嘲笑。"

"哦。还真是。"

"你现在要做的，就是甩包袱。第一个包袱，你尽可以马上甩开。你考得好，我们当然很开心。你考得不好，我们也会安然接受。因为我们已经看到了，高三这一年，尤其是下半年，你非常努力。第二个包袱呢，你也没必要背。几次模拟考试，你哪次没超过模拟一本线？你完全应该对自己有信心。至于第三个包袱么，只要你将前两个包袱丢掉，你完全可以不给那些以嘲笑别人的失利为乐的人机会。”

“我也知道要淡定。毕竟我参加自主招生考试已经拿到了最优惠的加分政策，如果要紧张，要失眠，也应该是那些‘裸考生’吧。”

“那也未必的。你还记得妈妈以前有个叫王四野的学生吗？他参加的是北大的‘自招’，但没能拿到加分。他可是个越挫越勇的学生。有时候，破釜沉舟，反而会最大限度地激发一个人的潜能与斗志。总之，有加分也好，‘裸考’也罢，都要相信自己的实力。有了自信，就能不紧张，更不惊恐，就能将高考前的这一夜，当做千万个与平时无异的夜晚，一样地酣然入梦。”

“嗯。以平常心，考非常试。妈妈，二十多年前，你参加高考的时候，紧张过吗？”

“想听？”

“嗯。我小的时候，睡不着，你就讲故事给我听。今夜，就让我重温一下童年好时光，说不定，能在你的高考前夜的故事中入眠呢。”

我让王小棉闭上眼睛，然后，我的思绪，一下子飘回到二十多年前……

高考前一晚，班主任三毛用柔和的让我们无所适从的声调说，你们只需做两件事，吃饭睡觉，复习应考——三毛脾气坏，那是全校有名的。传说，他的头发之所以掉得只剩下三撮，就与他的肝火旺有关。

根据三毛的部署，这一晚，我们必须在晚上10点前上床。三毛早和考点后勤处沟通好，10点一到，准时拉闸。可是，高中三年，我们哪天能在10点前就上床的？所以，这一晚，大家被三毛吆喝到床上后，都无一例外地做着同一件事，烙烧饼。

终于，宿舍里出现了萤火虫般的光亮。睡在我对面的曹冬青，窸窸窣窣地从书包里找出手电筒，开始翻书。我正在为等高线图如何判读痛苦不堪，看到曹冬青的手电，羡慕不已。忽然想起，我的书包里，不是也还装着一截蜡烛头么？便爬起来，将蜡烛点燃，找到地理书。复习完等高线，忽然想起来，《出师表》背得好像还不熟，便又翻语文书。终于，我迷糊了过去。

当我在一片鬼哭狼嚎中醒来，我吓得魂飞魄散——蜡烛倾倒，已经点燃了蚊帐的一角！我被曹冬青一把从床上拽下，然后，有人操起枕头，有人拿来书本，有人甚至端来了一脸盆的水，扑向我的床。火灭了，人瘫了，三毛出现了。我耷拉着头，等待着暴风骤雨。然而，三毛什么也没说。三毛转身出了女生宿舍，再回来时，身后跟着我们漂亮的英语老师。三毛说，这帮孩子，就拜托你了。英语老师走到我身边，搂搂我的肩，对三毛笑笑，说："放心，少不了一根汗毛。"那一夜，英语老师和衣半躺在我湿漉漉的床上。而我，睡在了隔壁英语老师的床上。后来听另一个送考老师说，那晚，三毛一直等到我睡熟了才走。而且，每隔半小时，就要到各个寝室转一圈。

那一夜，除了我险些酿成的火灾，还有个小插曲。周虹睡到半夜，忽然惊叫："下雨啦！屋子漏雨啦！"英语老师爬起来检查，说："哪有的事啊。"周虹揉揉眼睛，说："真的。你看我的脸，都被淋湿了。"英语老师朝周虹头顶看过去，顿时明白了。然后，英语老师在周虹的耳边悄悄地说了句什么，周虹又是惊叫一声，快速拿起毛巾，去水池边洗脸。那晚，周虹为什么会惊叫？英语老师到底在周虹的耳边说了句什么？谜底竟然一直到20年后的同学聚会上才揭开——给周虹"下雨"的，是睡在周虹上铺的李元梅。聚会那天，当年紧张得尿了床的李元梅对英语老师和周虹举起酒杯，说："那晚，我羞愧难当，本想第二天不参加高考了，谢谢你们维护了我的自尊。"

黑夜中，我柔声问："我们当年，够强悍吧？火灾起，'水灾'来，都没能让我们集体失眠，更没乱了我们的阵脚。因为我们相信自己的实力呀。你是不知道哦，当年我们要获得高考的资格，有多不容易。高考前几个月，还有个名叫预考的关口，被这一关口挡在高考大门外的，还有成百上千的学生。至于后来么……"

回答我的，是王小棉微微的鼾声。

我悄悄地拉上门，出去。手机上的时间，已经指向了凌晨一点半。

7. 谨防“瓦伦达效应”

上世纪 80 年代末，梅雨时节，我和我的同学们正在苏北某所乡村中学的考场上挥汗如雨。那是一场名叫“预考”的考试。顾名思义，就是在正式高考前，先进行一次考试。相比于如今的模拟考试，预考还多了一项功能——淘汰相当一部分考生。

我们班 65 人。而分配到我们班的名额是 12 个。你可以想象，竞争是何等的激烈。大家都出现了不同程度的紧张与焦虑。最明显的是一位姓谢的男生。其实，谢同学的成绩不错，平时的大考小考，每次排名都是前十。但是，谢同学在考历史前对我们说：“我有个不好的预感，我可能考不上。怎么办？我要是真被淘汰了，怎么对得起我那耳聋的父亲和瘸腿的母亲？”

谢同学坐在我前面的一个座位上。等待老师发卷子的时候，我注意到谢同学的手和脚，都在颤抖。后来我就不敢再看了。我怕谢同学的紧张会传染给我。要知道，我也是有压力的。哥哥姐姐们都没能考上大学，一个个都巴望着我帮他们圆大学梦呢。

几天后，成绩公布了。谢同学惨遭淘汰。令我们惊异的是，将谢同学一脚踢出高考队伍的，竟是他平时最拿手的科目——历史。谢同学只考了不到 40 分。谢同学拿着自己的分数条，失控地哭喊着：“一定是老师判错了！”

幸好那时的预考阅卷是在本校进行的，阅卷的也都是本校历史教研组的老师。办理好查分的有关手续后，谢同学终于看到了自己的历史试卷和答题卡。谢同学在看到自己的答题卡的那一刻，几乎晕厥过去——那么多的选择题，他居然只对了不到8道！这不应该啊。历史老师也很纳闷。凑过去一看答案，历史老师发出一声哀叹："你啊，你啊，你拿到的是B卡啊，可你看看，你是按照A卡的填涂顺序填涂的！"

谢同学跺脚痛哭。然而，流再多的眼泪，也于事无补。谢同学收拾好所有的书籍文具，从教室里走出去的那个刹那，我们这些"幸存者"看着他的身影，都难受无比。

2013年的6月，我又听说了一则和答题卡有关的故事。

高二学生闻鸣，是一个才14岁的小龄生。小闻鸣的个头很小，一脸稚气，若是背着书包走在大街上，绝对就是一个小学高年级学生或初中生的模样。他小学时跳了一级，读初中时又跳了一级。由于成绩优异，小闻鸣报考了中国科技大学少年班。

这天，考小闻鸣最拿手的物理。小闻鸣信心十足地坐在了某考点的高考考场上。

谁也没想到，竟发生了一件大事。

小闻鸣不慌不忙地一条条做着试题，答题卡放在课桌的左上方。小闻鸣有个习惯，喜欢将选择题全部做完之后再逐条填涂到答题卡上去。等到选择题做完，小闻鸣发现了问题——监考老师发错了答题卡！小闻鸣拿到的，应该是A卡，可是，监考老师发给他的，是B卡！

小闻鸣举起了手。监考老师一看，顿时紧张出一身的汗。赶紧一排查，发现了那张原本属于小闻鸣的答题卡上，已经被另一个女生填好了考生信息，并且已经填涂了部分答案。

小闻鸣将自己手上的尚还空白的B卡交给了监考老师。监考老师迅速将B卡发还到那女生的手里。那个女生已经忍不住哭了起来："老师，你浪费了我至少15分钟的时间！"

小闻鸣却很镇定。虽然，那张已经被那位正在哭泣的女生填涂了答案的A

卡，已经不能再使用了。

必须马上紧急调换答题卡。

考场上发生的这一意外，引起了众多考生的情绪骚动与不满。场外监考迅速将答题卡取走，飞奔至主考室。发错答题卡的监考老师哭丧着脸，站在小闻鸣身侧，连连道歉。

小闻鸣心里急不急？自然是急的。可是，此时，急有何用？试卷才做了一小半呢。小闻鸣为了避免自己受到考场异样情绪的干扰，取出一张洁面纸，撕开，团成两个小纸团，塞到耳朵里。将脑中的杂念，努力抛开，继续答题。

谁也没想到，考场应急机制中，调换一张答题卡居然要费尽周折。当小闻鸣终于拿到一张崭新的A卡的时候，已经是开考50分钟后的事。

如果你遇到这事，你会怎么样？人家小闻鸣，接过答题卡之后，竟很有礼貌地对那个出现了重大失误的监考老师说了声“谢谢”。说完之后，小闻鸣取出自己的2B铅笔，有条不紊地将答案一条条填涂好。

妈妈得知了发生在考场上的这惊悚一幕之后，非常气愤，准备去考点主考室“讨个说法”。小闻鸣阻止了妈妈：“我不过是将填涂答题卡的时间往后推延了几十分钟而已。我一点也没让这个意外事故影响我答题的节奏。监考老师也不是故意的。相信我，我真的没受到任何影响。”

事实证明，小闻鸣对自己遭遇考场突发事件时的表现的描述，一点没说错。在我写这篇文章的时候，小闻鸣已经顺利地被中科大的少年班录取了。

两则与答题卡有关的故事，让我想起了有名的“瓦伦达效应”。瓦伦达是美国一个著名的高空走钢索的表演者，他在一次重大的表演中，不幸失足身亡。他的妻子事后说，我知道这一次一定要出事，因为他上场前总是不停地说，这次太重要了，不能失败。而以前每次成功的表演，他都是只想着走钢丝这件事本身，从不去管这件事可能带来的一切。“瓦伦达效应”启示我们过分关注事件的结果，往往会使心理压力增强，从而导致最后的失败。所以，面对高考，一定要心态从容，即便发生意想不到的突发事件，也要将精力集中到试题上，这样才能临阵不乱，最终取得胜利。

8. 与难题过招

难题来袭，出现记忆“空白”或思维“堵塞”，这是每个考生都害怕遇到但却又时常会遇到的问题。

我问王小棉：“通常情况下，你会做何选择？”

王小棉说：“这得看情况。有时，得果断地选择放弃。与其在难题上兜兜转转最后可能还一无所获，倒不如舍一卒而保全局，将其他有把握的题的分数牢牢抓到手。”

王小棉举了个例子：“三月，在北京参加自主招生面试的时候，我就碰到了这样的一道题：‘你如何看待让猪安乐死的现象？’对安乐死是人道还是残忍，我多少是有点自己的想法的，但出现在这道题里的‘猪’让我有点摸不着头脑。就在我犹豫不决的时候，我发现了一条重要的提示：‘你可以从两则话题里挑选一个进行阐述’，我就毅然选择了另一个比较有把握的话题。”

“如果你遇到的难题不是选择题呢？”

“那我可就不客气了。怎么样我都得猜一个。放弃的话，铁定一分没有，猜一个，至少还有25%的得分可能。不过，有一种情况例外，得慎重考虑。记得中考前，我到T中参加推荐生的笔试，试题全部是以选择题的形式出现的。答题前，我发现评分标准和我们平时有很大的差别，做对一题得2分，做错一题扣2分，不答不扣分。由于考试内容包罗万象，天文地理音乐绘画，所以，我遇到了不少我知识上的盲点。更由于答题时间非常有限，每道题的平均用时只有16秒，所以，遇到盲点题，我就毫不犹豫地跳过去。而对一些我感觉自己有百分之七八十把握的题，我选择了猜一个碰碰运气。事实证明，我是明智的。我们班另一个同学，就在这方面吃了亏。他可能没看清评分标准，题题都答，结果，难题耗费了他的答卷时间，还没来得及做完，考试结束的铃声就响了。结果可想而知，他最后没能拿到推荐生的指标，很遗憾地与T中擦肩而过。”

“但是，高考试卷中，可没有你参加‘自招’时的那种二选一的优惠条件，更不会出现放弃难题而不扣分的大好事。难题的设置，除了考查考生的综合能力，还有一个更加重要的功能，那就是选拔。谁在难题面前从容镇定，将难题攻克，谁就能拿到更高的考分，谁就能登上更高的一级阶梯。如果你在高考中遭遇了难题，你准备如何应对？是‘投诚’还是‘死磕到底’？”

王小棉答：“仍然得看情况。”

高考后，我问王小棉：“难不难？”

王小棉反问我：“高考有不难的么？”

我呵呵一笑：“倒也是。怎么和那些难题过招的？”

王小棉说：“记得以前读过一篇文章，里面有句话，‘军心动摇，长官人人自危’。当难题张牙舞爪地迎面扑来，我觉得首先要做到的就是不能乱了自己的军心。此时，一定要对自己进行良性心理暗示，我是这样告诉自己的：王小棉，你一定行！王小棉，你难人难，你别畏难！紧张与慌乱，对你攻克难题没有任何帮助！”

我说：“行啊！兵马未动，粮草先行。你这是对付难题，心态先行嘛。”

“嗯。对实力相当的同学来说，心态可能是制胜的重要法宝。不过，心理上对难题的藐视，有时候并不一定就能帮助你马上战胜难题。所以，通常情况下，我的第二招是冷处理，迂回包抄。也就是先暂时将难题搁下，先去对付容易的题。之所以迂回包抄，是因为有时候，难题之难，可能就难在那么一两个关口上，如果转而去对付容易的题，则有可能出现在解题过程中思维的‘堵塞’忽然有所‘疏通’的现象。记得有一回英语模考，有个单词，我怎么想也想不起来，结果，等我将它放下，我竟在后面的阅读理解里发现了它的倩影！”

我夸道：“真是‘众里寻他千百度，那人却在灯火阑珊处’哇。这个迂回包抄的方法，确实可以一试。对付难题，你不会就这两招吧？”

“那倒是。在整个卷面上都找不到有助于你对付难题的带有提示性的文字的情况，肯定有。应该说，一张命题严密的试卷，是不允许出现这种情况的。所以，我还有第三招，那就是理性分析，合理联想。”

“从哪些方面进行理性分析？又如何展开联想？”

“对难题的理性分析，主要是：一是分析难题难在哪里。难在思维‘堵塞’？还是难在概念原理的模糊不清？或者是公式与定理的运用上的欠缺？二是要分析命题的意图。比如英语的书面表达，在动笔之前，我一定要认真阅读背景材料，如果是一幅漫画，那我一定要分析命题老师的意图，换而言之，一定要仔细琢磨推敲漫画的寓意。等将背景材料读懂了，悟透了，我也就可以用英文描述出画面的内容，并且说明我对画面内容的理解以及我由此产生的感想或者提出我的可行性的建议了。”

“那么，如何展开联想，才能克服考试过程之中的思维‘堵塞’、概念原理的模糊不清等问题呢？”

“刚才我说的那种在其他考题上寻找突破口的方法，其实就是一种‘下挂上联’法。考题上没有也别怕，大脑里有啊。即便是没有能和难题直接挂钩的，也别紧张。可以瞻前顾后地联想，左顾右盼地联想，并将自己联想到的知识点，在草稿纸上写下来。总能找到点对解决难题有用的切入口的。”

“要是你所说的这种理性分析，展开联想到了最后还是徒劳无功呢？”

王小棉将肩一耸：“那就只有最后一招了：背水一战。”

“说来听听。”

“以数学为例。记得一模的数学题，出得特别难。最后的压轴题，很多同学都是大脑中空白一片。我可没有轻言放弃。我采用了‘缺步答’和‘跳步答’，我甚至还从要我们证明的结论出发，进行逆推，采取了‘倒步答’。也拿到了好几分呢。”

我忍不住擂了王小棉一拳，说：“还真有你的啊。下次我给我的学生们传经送宝的时候，我可要将你与难题过招的这些方法，概括为十个字：‘心理上藐视，战术上重视’！”

9. 准确定位，合理调整期望值

第一次模考之后，我的朋友叶苏在 QQ 里给我报喜："我家可可考了全年级第一！我都激动得找不着北了！"

我羡慕嫉妒恨地给叶苏撒花庆贺："哇。"

王小棉她爸在一旁酸溜溜地说："想当年，我们王小棉的成绩比可可要好得多了！可是，王小棉这次才考 35 名，唉。"

我赶紧关掉叶苏的聊天窗口，转身安抚王小棉她爸："你可不能妄自菲薄啊。可可他们学校，与王小棉他们学校在教学水平和重点大学录取率上还是存在着很大的差距的。"

王小棉她爸的神色稍微轻松了些，遂怂恿我："问问可可总分考多少？"

我有些为难："分数是人家的隐私，不好随便问的？"

不想，叶苏的头像善解人意地跳了起来，点开一看，正是可可的模考成绩。王小棉她爸一看，乐了。可可的总分，并不比王小棉高。

叶苏兴致很高："今天，可可他们班主任打电话给我，说，希望我们家可可能够在两个多月后的高考考个 985 重点大学，为学校争得荣誉。接完电话后我就想和你商量商量，你说我们可可以后报考个什么样的学校好呢？"

"这个，你和可可商量了没有？"

"不谈了。这丫头，鼠目寸光，没有志向。她说，最理想的是能考上省城师大，将来做个老师。我都急死了。”

“可可的成绩稳定的吧？”

“也不。时有起伏。差的时候，也掉到50名开外过。这次模考，确实发挥出色。不过，模考前，我去参加可可他们班的家长会，班主任说了，通常情况下，这次模考的难度，与高考差不多。所以，孩子的模考成绩，将是将来能考一个什么样的大学的重要依据。要不，我怎么觉得可可对自己的期望值有点低了呢。”

“那你对可可的期望值又是如何的呢？”

“这个，起码复旦吧？北大人大也是可以冲一冲的吧？”

我和王小棉她爸互相做个鬼脸，然后，我问：“你的这一想法，和可可说过没有？”

“提过一次。没想到可可的反应那么激烈。”

“激烈？而不是热烈？”

“唉，要不，我怎么说这丫头没有志向呢。她竟冲着我和她爸发火，说我们对她的期望值太高的话，她的压力就会很大。还说，要是我们为了自己的虚荣心而逼她，把她逼急了，她会考出个二本的高考分数给我们看！”

“我觉得你还是尊重孩子的意见吧。”

“那你们家王小棉？”

“我没对她提过具体要求。因为我觉得期望值不应该是某一个具体的点，而应该是一个有上限和下限的区域。只要王小棉的抱负水平在这个区域之内，我认为就可以了。”

“上限？下限？怎么定？”

“所谓上限，就是我们通常说的‘跳一跳，够得到’的目标。可以根据孩子的现有水平和可挖掘出的潜力水平来确定。上限不能定得过高。过高，不但会失去了目标的激励性作用，还会让孩子患上‘恐高症’，失去自信，从而出现过度的考试焦虑。而下限，就是只要稍作努力，便能达成的目标。下限必须要具有一定的保障意义。如果定得太低，那就几乎等同于没有目标。孩子太过于放松，同样并不利于水平的发挥。因为适度的考试焦虑是必需的。一个合理的期望值，必须同时具有激励性和保障性，否则，就是不合理的。”

叶苏迟疑了一会儿，问："那么，你觉得，我给可可定的上限和下限是不是合理呢？"

我发了个龇牙咧嘴的表情给叶苏："亲爱的，我可不是什么专家。"

叶苏一锤子砸过来："我当局者迷，你好歹发表发表你的看法啊。"

"那我可就说说我的看法啦。其实，上限和下限的确定，最有发言权的，是孩子自己。还有谁比孩子自己更清楚自己的实力与潜力？所以，我的建议是，你们夫妇俩要和可可好好就这个问题沟通一下，可以适当往中间靠一靠。可可这次能考出年级第一的好成绩，说明实力水平还是相当不错的。建议可以将省城师大作为下限目标。至于上限，你可以向可可的班主任打听一下，往年他们学校考分最高的孩子最后录取的是什么样的学校。记得一定要征求可可的意见。否则，你就是觉得期望值再合理，可可不配合，那也是白搭。"

几天后，叶苏告诉了他们全家经过民主讨论最后调整好的期望值——上限：复旦大学。下限：省城师大。

叶苏问我："老实说，你有没有做过北大梦？"

我嘿嘿一笑："老实说，王小棉班上的家长们，全做过。做梦是一回事，孩子能不能帮你圆梦那是另一回事。做家长的，谁不希望自己的孩子能登得更高看得更远？但我可没敢将我的白日梦透露给王小棉。如果咱们心中的期望值不切合实际，一旦孩子的表现不尽如人意，我们就会烦躁、焦虑与紧张。这种烦躁、焦虑与紧张就会通过我们的语气、动作、神态等传染给孩子。孩子为什么会出现考试焦虑？原因众多。但来自家长的这种因为期望值太高而传导给孩子的消极恐慌情绪却往往容易被人们忽视。"

叶苏说："所以，克服考试焦虑，得从家长做起？"

"是啊。因为考试焦虑，在很大程度上，是与孩子的信心指数有关的。而决定信心指数的高低，有两个因素，一是能力，还有一个就是期望值。对相同期望值的考生来说，能力越强，信心指数越高，考生的焦虑度则越低。而在能力相对固定的情况下，期望值越高，信心指数越低，焦虑度则越高。"

叶苏说："所以，克服考试焦虑，得从合理调整期望值开始？"

"没错。你已经做得很不错了。相信你们家可可在最后两个多月的复习中，一定能从容、自信；两个月后，一定能给你一个惊喜！"

10. 细节，不容忽视

南通有句方言，叫做“蔫细”，这个词的意思是说一个人做事太过于注重细节，几乎到了让人觉得蔫（没出息）的地步。可你还真别把这个词一脚扫到贬义词堆里去，家有高考生的家庭，有个蔫细的爸爸或妈妈，还真不是一件坏事！

王小棉她爸就是个蔫细人。

自从知道考点设在离我们家足足有 5 公里之外的三中，蔫细人就开始了“踩点行动”。花了将近三天的时间，兼顾时间、天气和路况，最后，得出一个保险的数字来：全程最多耗时 28 分钟。等到王小棉正式看考场那天，这个蔫细人，也不晓得使用了什么手段，居然混进了考点。王小棉在教室里适应考场环境，蔫细人四处侦查厕所的方位——蔫细人知道，王小棉只要稍一紧张，那跑厕所的频率是要明显增多的。

高考前三天，蔫细人就开始苦口婆心地教育我，不许这，不许那，罗列了好多条，其实也就是要我保证做到和平时一样，不能人为营造紧张气氛。比如，蔫细人说，平时你早上都是睡懒觉的，高考那天，恳请你一如既往地赖床。不许你起来送丫头去考场。我去就够了。我怕你一反常态，丫头也跟着反常。蔫细人还说，这三天，不许你请假，你照样上你的班。饭菜不用你担心，我早上将丫头送到考场后我就去菜市场买菜，回家之后有好几个小时呢，足够我将饭菜弄好的了。我和蔫细人较劲，说你怎么能剥夺我陪丫头一起高考的权利呢？蔫细人说，丫头模考的时候，你有没有接送过丫头？有没有请过假为丫头在家里烧饭做菜？反正一条，平常咱们是怎么做的，高考三天，咱们就必须怎么做。只有这样，丫头才能保持一颗平常心，才能正常发挥。

考试前的那天晚上，蔫细人在王小棉进入卧室准备睡觉之后，潜入了王小棉的书房。将王小棉放在写字台上的文具袋仔仔细细检查了一遍。结果还真被这个蔫细人检查出了一点问题——王小棉只准备了一支2B铅笔。而且，这唯一的一支2B铅笔的笔头，还没削好。蔫细人赶紧将王小棉的另一支2B铅笔从笔筒里找出来，取出小刀，将两支笔的笔头都细细地削成了扁鸭嘴的形状。蔫细人又将文具袋里的0．5毫米的黑色签字笔一一在纸上试过，确信其书写流畅之后，这才放心地关上门睡觉。我取笑蔫细人不许我紧张，自己却在带头紧张的时候，蔫细人一本正经地说，我这不是紧张。我这是注重考试的每一个细节。蔫细人问我，可知道古英格兰有句民谣？“少了一枚铁钉，掉了一只马掌。掉了一只马掌，丢了一匹战马。丢了一匹战马，败了一场战役。败了一场战役，丢了一个国家！”蔫细人还问我，你可知道现在竞争已经到了细节制胜的白热化程度？

我赶紧点头称是：你倒是蔫细了，可是，最关键的，还是王小棉同学也要蔫细才行啊。当然啦，我也要做个蔫细人。我这就将一些我认为要注意的考试细节罗列下来，写到一张纸上去，叮嘱叮嘱王小棉。让她明早起来看上一看。

对有着20年教龄和多年班主任工作经验的我来说，这并不是难事。我将写着以下要点的纸放在了王小棉的写字台上：

要注意卷面书写的整洁。尽量不要涂改。尤其是作文卷面。一手漂亮的字，能在第一时间内博得阅卷老师的好感，作文分加书写分，两项多给你三四分没问题！

审题的审，是审问的审。不是省事的省。一定要细心。特别是选择题，要关注题眼，要注意是选“正确的”还是选“错误的”。遇到逆向选择题，做个记号！

字不能写得太大。要在规定答题区域内答题。如果写不下，则注意用词简练，尤其是要突出关键词。

问答题，要注意条理清晰，分点分行书写。

每科做完选择题，马上填涂答题卡，以防遗忘以及害怕时间来不及而造成的涂错或涂串现象。

考自己的。别关注别人的答题速度。别关注监考老师的动静。避免不必要的紧张。

……

王小棉认认真真地看了。并且还在她自己也认为特别要注意的要点上做了记号，如：“要注意卷面书写的整洁”、“遇到逆向选择题，做个记号”等。

考试第一天，蔫细人给王小棉准备的早餐，是三小件：包子、糕点和粽子。蔫细人先给王小棉的碟子里放一只包子，嘴里喊着“包——”，又往王小棉的碟子里放一块糕点，嘴里喊着“高——”最后再往王小棉的碟子里放一只剥好了的粽子，嘴里喊着“中!”王小棉扑哧笑了起来，说：“老爸，过去从没见你如此封建迷信嘛。”蔫细人正色道，“这不是迷信，这是好彩头！心情好，才能考得好!”

我收拾收拾，正常上班去。还没到办公室呢，蔫细人的电话来了，丫头已经进了考场。11 点半考完，回家吃中饭的时候，不许你问丫头难不难啊考得如何啊之类的话。考试期间，请你闭口不谈考试。我说，不至于的吧？平时丫头模考我可都是要问一问的。不然丫头还以为我对她的高考漠不关心呢。蔫细人说，听我的，没错。这可是专家的提议。考试期间，不能引起孩子不必要的情绪波动。每一个细节，都必须考虑到。我赶紧说，好好好，我答应你成了吧？

果然就不问。倒是考完的那个晚上，王小棉终究沉不住气了，主动说，语文作文有点难度，要写得出彩，不容易。数学比较简单。英语最难，不过我好歹全做出来了。政治和历史，全 A 没问题。

我赶紧捂住耳朵，说：“停！别和我谈考试！我会紧张的!”

王小棉哈哈大笑，说本姑娘按你的蔫细条款逐条落实，不会出什么问题的！我高考时都还没紧张呢，我高考都结束了你紧张个啥啊。

却看那蔫细人，已经找来一本旅游图册，准备和王小棉一起讨论接下来的旅游线路了。不用说，两个大小蔫细人，一定会努力地将每个细节都考虑好的！

11. 做好“后高考真空期”的心理调节

据统计，从高考结束到录取结束的这段时间里，有60%～70%的考生会产生不同程度的焦虑，近20%的考生甚至会因为过度的焦虑而影响了自己的日常生活。这一时期，是考生心理问题的高发期，心理学家称之为“后高考真空期”。

我们往往比较重视对孩子进行考试之前以及考试过程之中的心理疏导，但对“后高考真空期”的关注程度还明显不够。今年6月，因为高考失利而选择了割腕、喝农药自杀的四川女孩王倩的事例，则又一次提醒我们，做好“后高考真空期”的心理调节工作，刻不容缓。

处于这一特殊时段的孩子，往往会出现以下几种症状：

放纵。好不容易才从高考中脱身出来，好多孩子选择了不分昼夜地狂欢。记得高考结束的当晚，王小棉一直在网上玩到凌晨三点才勉强入睡。第二天，才六点呢，就醒了，迷迷糊糊梳洗完，去书房拿书包的时候，才猛然意识到，已经解放了！心里一阵狂喜，奔回卧室想补觉，却再也睡不着。上网一看，嘀，那帮一起在网上玩到凌晨三点的同学，基本上都在六点就起了床！接下来的日子里，王小棉今天与同学结伴逛街，明天和同学一起看电影唱歌喝茶，后天还好，不出去了，宅在家里上了一天的网。她爸劝她做点“有价值的事”，王小棉一脸茫然：“可是，我能做什么呢？”

如果孩子出现了这种后高考症候，一定要和孩子好好规划。比如，可以和孩子一起列一份书单，与好书相伴，在书香里纳凉，实在是一大享受。还可以鼓励孩子走出家门，去接触社会。我就支持过王小棉去咖啡馆打工，去街头当志愿者协助交警执勤。还可以安排其他的情趣活动，如旅游、健身等。

敏感。我清楚地记得，二十多年前，我去学校领取自己的高考分数单，班主任老师正在忙着和几个考分达线的同学谈笑风生，我的到来，也没让他们的谈话中断一分钟。我从班主任手里接过分数单，心里很是失落。回家之后，想想觉得愤愤不平，一时冲动之下，竟写了一封信给班主任，将自己“受到冷落与歧视”的一腔怒火尽情发泄了出来。等到自己冷静下来，才觉得班主任怎么可能会歧视自己的学生？所谓的对我的“冷落与歧视”，其实不过是因为自己太过于敏感罢了。自己的那封信，写得其实是太过分了。然而，信已经发出去了，对班主任造成的心理上的伤害已经无法抹除。这件事，一直让我内疚了很多年。

如果孩子出现了这种后高考症候，则要注意尽量避免刺激到孩子。要多和孩子沟通，作为家长，自己首先要将高考看淡点，不要太强调高考的重要性和不可替代性。此外，要多陪陪孩子。减少让孩子一个人胡思乱想的机会。必要时，甚至可以带孩子远离令人产生不愉快体验的环境。

恐惧。高考过后，我发现我 QQ 里的好多学生的签名都改成了：“谁和我谈高考，我就和谁绝交。”王小棉也不例外。闭口不谈高考。有一天，她爸兴冲冲买回一份登载有各科高考试题及其答案的报纸，让王小棉对照着“估估分”，王小棉拿着一双大眼睛瞪她爸：“你就这么急着想知道我的分数吗？你都已经等了 17 年了，你连十几天都不愿意等下去吗？”她爸只得悻悻然地将报纸拿回到自己的房间里进行“盲估”，然后，贼心不死，又跑出来游说王小棉：“我们玩个游戏好不好？我们仨，每人估一个分，谁估的分最接近你的考分，我就全额资助谁去省内游一趟。”王小棉不高兴了：“我早就打过招呼了啊，谁和我谈高考，我就和谁绝交！”

如果孩子出现了这种后高考症候，做家长的也要学会淡然处之。要帮助孩子克服不敢面对挫折的恐惧心理，增强耐挫力。遇挫后，要勇敢面对，不能消极逃避，更要珍爱生命，不能用极端的方法结束自己的生命。要树立自信："那些考上好的大学的，也有他不会的地方，我不见得以后就不比他优秀！"还要找准失败原因，积极寻求对策，通过这些认知调整的训练，来增强自己战胜挫折的决心和勇气。此外，还可以通过积极的行为训练，如对自己进行积极的心理暗示、努力换个角度去思考问题，请求别人帮助等，来提高自己的耐挫力。保持乐观和开朗的心态很重要。遭受挫折，也要面朝大海，春暖花开！

焦灼。王小棉有一同学，自从高考结束，每晚临睡前，都要强迫自己将考题想上几遍。越想越怀疑自己将答题卡上的题号看错了，将试卷上的考试号的数字填错了。整日坐卧不宁寝食难安，短短几天，就憔悴得不成样子。后来发展到连门都不敢出，害怕遇到熟人，担心考不好会被人嘲笑，更担心会对不起父母。

如果孩子出现这种后高考症候，要帮助孩子树立正确的考试观和职业观。考试并不决定一生。真正能决定一生的，是对生活的态度。即便高考失利，它也不过就是一段时间的失败，并不是一辈子的失败。王小棉的那位获得北大"自招"加分却没能考上北大的同学齐槐，在这方面就做得比较好。她在被一所普通院校录取之后，曾表示，她相信，"将来肯定还有机会争取去北大"。三百六十行，行行出状元。高考考得不好，并不等于将来你就找不到好的工作。在四川女孩王倩自杀后的第二天，一位来我家整理线路的工人发表了他的感慨："我当年高考300分都没考到，我现在不也工作了？虽然收入不算多，但养家绝对没问题。如今老婆贤惠儿子听话，生活不是很幸福？我一哥们儿，也不是什么大学生，可他手下，都是大学生！只要自己能有一技之长，老天爷就不会饿死瞎家雀！"